● 축화(祝畵)

장여진, 유화, 〈길〉

내 마음을 알 거야

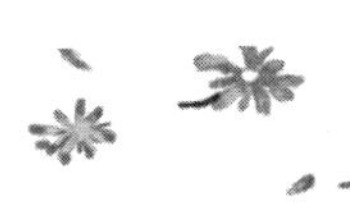

내 마음을 알 거야

오승휴 수필집

수필과비평사

■ 책을 내면서

몇 년 전, 퇴직한 후 수목원 숲길이 있는, 지금 사는 동네로 이사를 왔다. 숲길에 들어서면 자연의 경이로움에 몸과 마음이 평화로워진다. 사계의 변화에 맞춰 숲 속에 나고 스러지는 숱한 생명의 어울림에 찬탄을 금할 수가 없다. 이사하길 참 잘했다는 생각이다.

숲길을 걸으며 갖는 사색의 시간은 은총의 시간이다. 지난 시절을 회상하며 나를 되돌아볼 때면, 고향집에서 어머니와 옛 친구들을 만난 듯이 행복해진다. 때로는 삶의 굴곡에서 야박했던 내 모습이 보여 얼굴이 붉혀지기도 한다.

이 동네로 이사 와서야 글쓰기를 시작해 문단엔 늦깎이로 등단했다. 숲 속에서 사색의 창에 스치듯 지나가는 내 삶의 체험들을 글로 적었고, 그 글들을 이 수필집에 모았다. 대부분 이미 발표한 작품들인데 부족한 글들이어서 부끄럽기만 하다.

사실 한 편의 글을 쓰고 나면, 그 순간은 그리도 대견하고 무척이나 기쁘다. 나의 삶에서 건져올린 글이어서일까. 하지만 시간이 지나면서 주눅이 들고 번민하기 일쑤다. 내심 감칠맛 나는 글을 쓰고 싶었는데, 작품의 맛깔스러움을 좀처럼 느끼지 못해서다. 그래도 내 삶의 흔적이기에 차곡차곡 정리한다는 뜻에서 책을 펴낼 욕심을 냈다. 몇몇 분에게라도 울림으로 다가갈 수 있으면 하는 바람이다.

그동안 만남과 인연으로, 글재주가 모자란 나에게 변함없는 지도와 조언 그리고 관심과 격려로 용기를 북돋아 주신 분들이 오로지 고마울 뿐이다. 더욱이 이 수필집이 나오기까지 온갖 수고를 아끼지 않으신 ≪수필과비평≫ 편집장님과 나를 이해해주고 지켜보며 성원해준 나의 가족에게 감사와 뜨거운 사랑을 보낸다.

2009년 가을에

오 승 휴

| 차례 |

제2부 고향 포구에서

제3부 화려한 퇴장

제4부 딩동 벨 여인

제5부 소리 없는 발걸음

제1부
어울림이 아름답다

호반의 유혹

물안개가 춤을 추는 여인을 연상케 한다. 계곡에서 피어오르는 안개가 소복으로 단장하고 하늘하늘 치맛자락에 나부낀다. 그 춤사위가 고즈넉한 수면 위로 속살을 보일 듯 말듯 물길 굽이굽이 소리 없이 펼쳐진다. 바람 한 점 없는 포근한 겨울아침, 고원高原을 서서히 품안에 껴안아가는 안개의 군무가 환상적이다. 말로만 듣던 호반의 물안개다.

몸과 마음이 풍선처럼 붕 떠오르는 느낌이다. 하얀 소복을 입은 여인의 손길이련가. 차창너머로 언뜻언뜻 스쳐 지나는 물안개가 나의 넋을 빼앗아간 듯 정신이 혼미해진다. 산간 구릉이어서 일교차가 심해 생겨나는 이 안개는 이곳 명물이란다. 안개는 무리지어 잔물결 일렁이듯 산허리를 더듬고 휘돌아 주위를 덮어 간다.

어느새 태양이 호수가 있는 고원의 산야를 화사하게 비추고 있다. 겨울답지 않게 맑은 날씨다. 달리는 창밖으로 하얀 장막이 차츰 걷히며 햇살이 반짝거린다. 아침햇빛이 물안개를 눈 깜짝할 사이에 어디론가 감쪽같이 밀어냈다. 온전히 드러난 겨울풍경의 멋스러움이 머릿속의 그림보다 훨씬 더하다. 호반도로를 따라 용담호龍潭湖를 순회하는 차 안에선 바깥 풍광에 탄성이 절로 터진다.

안개를 회상하는 동안, 차는 용담호의 둔덕 높은 곳으로 달음질친다. 여의주를 입에 문 용머리상像이 우뚝 서 있는 댐관리사무소에 차가 멈춘 건 열시가 지나서였다. 물박물관과 공원시설까지 잘 갖춰 있어 그 소문이 자자한 곳이다. 장엄하고 아름다운 용담호가 한눈에 가득하다.

하늘에서 본, 공원에 그려놓은 용담호는 굽이치는 물줄기가 마치 용이 꿈틀대며 승천하는 모습이다. 옛 선인들의 선견지명일까. 꿈도 용꿈이면 좋은 꿈이고 땅도 용과 인연이 있는 곳이면 상서로운 곳이라고 믿는다. 이곳 지명이 용담이었다. 용담호는 진안군 금강 상류에, 착공 십 년 만인 이천일 년에야 댐 건설로 생겨난 인공호수다. 이름도 옛적부터 '용이 사는 연못'이라는 용담龍潭 지명을 따서 붙인 것이다. 전북도민의 생수를 공급하는 젖줄인 용담호는 댐이 생긴 후 빼어난 경관을 자랑하는 관광명소로 그 이름만큼이나 유명해졌다.

눈앞에 시원스레 펼쳐진 호수와 멋진 산세가 어우러져 장관이다. 며칠이 지나면 입춘인데도 호숫가 주변에는 아직도 살얼음이 남아 있다. 수위水位가 낮아진 것은 심한 겨울가뭄 때문인가 보다.

문득 고향이 떠오른다. 내 고향은 중산간 마을이다. 한라산에서 바다로 이어지는 천미천川尾川을 끼고, 새의 둥지처럼 그 끝자락에 있다. 천미천은 비가 오면 산에서 내려오는 물이 흘러 형성되는 내다. 경관이 수려하고 폭이 넓고 긴 하천이다. 어린 시절을 냇가에서 물놀이와 수영을 즐기며 벗들과 어울려 개구쟁이로 자랐다. 지금도 하천이나 강을 좋아하고 호수나 바다를 보면 고향 생각에 빠져들곤 한다.

당시 시골에는 수돗물이 없어 식수가 큰 문제였다. 냇가의 봉천수奉天水는 바로 식수였기에 인근에선 냇가마을을 무척 부러워했다. 가뭄이 들면 냇가를 한참 거슬러가서 발품으로 식수를 길어 날랐다. 인근 마을에서는 우리 냇가의 물을 얻어가야 할 판이었다. 마을 간에는 여러 가지 이해관계로 분쟁이 많았지만, 식수 부족으로는 분쟁이 없었다. '가뭄에도 마실 물은 나눈다.'고 했다. 청년들이 식수를 문제삼으려 해도 예로부터의 관습과 전통이라는 어른들의 말을 존중했다. 식수는 생존과 직결된 생명수이어서 그랬으리라. 물이 마을 간의 분쟁조정 역할을 했던 셈이다.

용담호의 푸른 물을 바라보며 호숫가에 앉아 사색에 잠긴다.

모든 생명체에 있어 물은 바로 생명수요, 화합의 상징이다. 서로 화합하고 상황에 적응하는 데는 물과 비견할 게 없다. 담기는 그릇의 형체에 따라 모양세가 달라지는 게 물이다. 자연의 순리대로 높은 곳에서 낮은 데로 흐르는 물은 기다릴 줄도 안다. 좁은 곳에선 굽이치며 빠르게 흐르지만, 넓은 데에서는 천천히 여울진다. 빗방울이 모이고 어우러져 시냇물이 되고, 호수를 이루고 강으로 바다로 모인다. 조급하지 않은 기다림과 어울림이 대해大海에 이른다. 상선약수上善若水라고 '최고의 선은 물과 같다.'고 했다. 물에서 깨달음을 얻은 선인들이 부럽기만 하다.

계곡에서 용담호로 흘러든 물이 고요하고 여유롭게 쉬고 있다. 순환의 원리를 잘 알고 있기 때문인가. 물은 태양열을 받아 더워지면 상승하여 맑은 공기가 되고 바람을 낳는다. 바람은 대기권을 형성하고 다시 구름이었다가 비가 되고 물이 된다. 봄, 여름, 가을, 겨울 자연의 사계四季와 생로병사生老病死의 윤회처럼 물의 순환도 그러하다. 우리네 인생과 그리도 닮았다.

물을 보면 아픔과 고통의 이미지가 떠오를 때가 있다. 목마름의 갈증을 풀어주는 생명수인 물이 가끔 홍수처럼 인간에게 고통을 주기도 한다. 물의 비명 소리를 들어본 사람은 안다. 한밤중에 얼음 깨지는 소리는 물의 비명 소리요, 몸부림치는 소리가 아닌가. 물 또한 그만의 고통을 겪고 있는 게 틀림없다.

인간의 아름다움이나 윤택함, 풍요로움에는 물이 영락없이 따라다닌다. 물은 더러움을 닦아내어 청결하게 한다. 목욕할 때마다 물과의 접촉으로 기분이 좋아진다. 여인의 윤택하고 아름다운 얼굴에는 촉촉한 물기가 필수다. 건조함에서 멋스러움이나 깨끗함, 풍요로움을 어떻게 찾을 수 있으랴.

물은 우리에게 정신건강도 선물한다. 폭포나 시냇물, 파도의 소리를 듣는 것만으로도 정신이 맑고 상쾌하다. 황홀경으로 우리를 몰아넣은 아침안개는 어땠나. 생명체의 시원始原이 물에서 연유해서 그럴까. 호수나 바다, 수평선을 보면 고향에 돌아온 듯 아늑함을 느끼게 된다.

용담호의 물 아래 산 그림자가 우리를 반기며 마음에 평온을 선물한다. 호수의 맑은 물로 목마른 가슴까지 촉촉해진다. 물안개를 몰아낸 겨울햇살이 수면에 반사되어 눈이 시리다. 선인들의 모습이 어른거리는 용담호수가 하늘빛처럼 파랗다.

나를 보고 명경지수明鏡止水를 탐하는 속인이라 나무랄까. 이 아름다운 천혜의 비경 속에 살고 싶다.

(2009. 2.)

덧나무의 선물

초목이 우거진 숲길을 따라 산등성이를 오른다. 혼자 걷는 산책에 맛들인지 벌써 몇 년이 된다. 산길에서는 사람들이 왠지 반갑다. 숲속의 풀과 나무에서도 자연의 소리와 아름다움을 만난다. 걷다보면 몸과 마음이 가뿐해지며 부딪히는 세상사에도 애정 어린 눈빛으로 관심이 더 깊어진다. 모든 근심이 산길에서 만나는 반가움과 아름다움에 용해되어버려 그럴까.

이 수목원 숲속 '체력단련장' 한가운데에 야생하는 덧나무 한 그루가 있다. 자태가 빼어나 사람들의 사랑을 받는 관상용 나무다. 꽃나무들이 제멋을 뽐내는 요즘, 이 덧나무엔 넝쿨처럼 뻗은 가지마다 활짝 핀 꽃들이 볼 만하다. 높이가 3m쯤 되는 활엽관목이다. 굵은 나무줄기엔 이끼가 돋아 있고 버섯도 피어 있어 수령이 30여 년은 되었음직하다. 이곳엔 정자亭子도 있고 나무 그늘이 시원해 산책객들이 여기서 쉬어간다. 오르내리는 길에 나의 발걸음이 멈추는 곳이기도 하다.

해가 바뀌면 나무들 중에서 제일 먼저 뾰족한 새싹을 틔우는 나무가 덧나무다. 인동과에 속하는 이 나무의 뿌리와 껍질, 줄기와 잎은 모두 약재로 쓰이고 있다. 심장질환이나 각종 통증 치료에 효과가 있으며, 특히 부러진 뼈 치료에 효능이 크기에 접골목接骨木이라고도 부른다.

덧나무의 수명이 40년 정도라니 이 나무는 중장년을 넘어 이제 노년으로 들어선 셈이다. 그런데도 옅은 노란빛을 띤 흰색 꽃들을 무더기로 피워내어 자태를 자랑하고 있다. 수령은 문제가 되지 않는 것일까. 주어진 생의 시간이 얼마 남지 않은 삶을 비장하게 사는 사람 같다. 나이가 들어도 젊은이 못지않게 넘치는 정열과 왕성한 의욕으로 살아가는 사람들처럼 덧나무의 강인한 생명력이 놀랍다.

오늘도 이 나무에 꿀벌들이 꽃마다 달라붙어서 작업이 한창이다. 어떤 녀석들은 이 꽃에서 저 꽃으로 쉼 없이 옮겨 다닌다. 손길이 닿지 않는 나뭇가지에 핀 꽃들이라 벌들이 마음 놓고 희롱하며 즐기는 것일까. 아니면 꽃의 유혹에 벌들이 놀아나는 것일까. 하기야 화창한 봄날인데 어느 쪽이든 이 기회를 놓칠 리 없다. 땀 흘리며 온 힘을 다해 일하는 부지런한 꿀벌들을 보노라면, 내 마음속 깊은 곳에서도 그 무엇이 분수처럼 용솟음친다.

'꽃과 여자는 아름다워야 사랑을 받는다.'고 하는데 나무도 예외가 아닌가 싶다. 부드러움까지 갖추면 더하리라. 덧나무는 줄기의 가운데에 굵고 부드러운 연한 갈색 심이 있어 가녀린 여인을 연상시킨다. 넝쿨처럼 뻗은 나뭇가지가 푸른 잎으로 몸치장을 시작하면 사람들의 시선을 사로잡는다. 산들바람에도 나뭇잎들이 유혹하듯 손짓한다. 콩알만 한 빨간 열매들이 닥지닥지 달리면 그 멋스러움이야. 지금은 밑동에서부터 세 갈래로 갈린 굵은 가지 중에 하나는 잘려 없어졌지만, 우산처럼 더부룩한 수형樹形은 아직도 아름답다.

작년 9월, 제주를 강타한 태풍 '나리'는 말할 수 없이 잔인했다. 숲 속의 거목들도 강풍에 쓰러져 피해가 컸는데 이 덧나무도 예외가 아니었다. 가장 굵은 중심 가지가 중간에서 꺾인 것이다. 몰골이 험악했다. 부러진 뼈를 치료한다는 접골목이 아니었던가. 자연 방풍이 잘된 산 숲 속에 있으니 끄떡도 없을 것이라고 안심한 게 잘못이었다. 시원한 그늘을 기대하기도 이젠 어렵게 된 것이다. 다리가 부러져 피가 흐르는 아픔을 느낄 만큼 충격이 컸다. 부러져 잘려나간 가지는 소중한 약재로 쓰이리라는 게 그나마 위안이었다.

태풍이 지나간 가을, 그 잘린 가지 밑동에서 새순이 솟아올랐다. 포근한 날씨가 겨울 내내 계속되자 계절에 아랑곳없이 무럭무럭 자랐다. 다른 가지엔 아직 순이 움트지도 않았는데도 말이다. 깊은 땅속에서 뿌리를 통해 그 가지를 살려내려는 힘이 용출해서일까. 기대를 많이 했다. 저리 자라 잘린 가지를 대신하려는가 하고.

지난 2월, 어찌 이럴 수가 있을까. 기대를 걸었던 그 새순 가지를 잔인한 늦추위 한파가 삼켜버린 것이다. 추위가 한동안 계속되면서 눈보라가 휘몰아치자 그동안 자란 가지들이 몽땅 시들어버렸다. 다시 잘려나가 더욱 안타까웠다. '일찍 핀 꽃은 빨리 진다.'라는 말을 곱씹어야만 했다.

한데 참 이상한 일이다. 이 봄, 남은 가지에서 뻗어난 줄기에 돋은 순은 잘 자라 잎이 더 푸르다. 꽃봉오리도 많이 맺어 꽃을 활짝 피워낸 거다. 부러진 뼈를 붙여낸 것처럼 튼실해 보인다. 잘린 가지를 살려내려 쏟았던 온 힘을 남은 가지로 몰아주었는가 싶다. 더 활기차고 싱싱하다. 피눈물 나는 고통과 인내의 소산所産이리라. 덧나무가 내게 주는 선물일까? 나무가 겪은 고통과 기쁨이 느껴진다.

사람이 사는 것도 마찬가지가 아닌가. 인생을 살아가는 동안 누구나 수많은 고통을 겪기도 하고 기쁨을 맛보기도 한다. 남에게 도움을 주는 값진 인생을 살면서 삶의 충만감을 느끼기도 한다. 교만과 아집, 경쟁과 미움으로 상처를 받을 때도 있다. 절망의 늪에 빠져 허덕이며 구원의 손길을 찾아 울부짖은 적도 있을 것이다. 인생길에서 순탄한 길만을 걷는 사람이 어디 있으랴. 달리다 쓰러져도 벌떡 일어나 다시 달리는 사람이 부럽다. 고통을 겪어본 사람만이 기쁨의 참맛을 안다.

주어진 생명의 씨앗을 결코 포기하지 않는 덧나무에서 생의 소중함을 배운다. 땅속에도 용트림하는 생명이 있음을 깨닫는다. 온 힘을 다해 생을 살아가는 그 강인한 생명력은 어떴나. 덧나무처럼 남에게 유익한 존재인가. 꽃과 꿀벌에서 보듯 상생의 원리는 모든 생명체의 생존법칙이 아니던가. 숲 속에서 세상 사는 사람들의 모습을 본다. 초목 하나에도 존귀한 한 줄기 생명이 흐르고 있음을 새롭게 느낀다.

숲 속에 바람이 일렁인다. 한들거리는 덧나무 가지에도 봄이 한창이다. 올여름엔 넉넉한 그늘을 기대해도 좋으리라. 아주 시원하고 상쾌한 그늘을.

(2008. 4.)

그들은 멋졌다

요즘 사람들의 얼굴엔 그늘이 짙다. 급하게 요동치는 금융시장이 그 주범일까. 산이 높으면 골이 깊다고 했듯이 시장 불균형이 심각하다. 그 조정이 가져올 파장 또한 크고 오래 갈 것이라 한다. 하지만 위기는 새로운 기회도 열어준다고 하지 않았나. 고통 뒤에 희열이 찾아온다는 것을 우리는 체험으로 안다.

야구가 스포츠의 희열을 톡톡히 맛보게 했다. 웃음과 환호를 안겨주며 우리 모두를 신명나게 했다. 그날은 야구경기가 전국의 안방을 용광로처럼 뜨겁게 달군 날이었다. 행여 금메달을 놓치면 어떡하나 걱정하며 얼마나 마음을 졸였던지. 올림픽이 베이징에서 열리던 팔월의 그날을 어제처럼 떠올린다.

올림픽에서 결승전까지 한국의 야구는 매 경기가 한 편의 드라마였다. 숨이 막힐 것 같고 손에 땀을 쥐게 한 경기였다. 거듭되는 역전에 역전은 흥미를 더 돋웠다.

지난 팔월 그날 저녁, 쿠바와의 결승전은 처절한 명승부였다. 한국은 9회 초까지 3 : 2로 앞서서 쿠바의 9회 말 마지막 공격까지 온 거였다. 쿠바의 타자가 왼쪽 안타를 날린 뒤를 이어, 계속해서 연속 볼 넷으로 타자 둘이 또 출루해 1사死 만루滿壘가 됐다. 석연치 않은 판정에 한국의 투수가 흔들렸다.

이런 위기상황에서 새로 등판한 한국의 투수는 정말 승부사였다. 쾌속의 볼로 낮은 스트라이크를 연이어 두 번이나 꽂아 넣었다. 세 번째 공을 바깥쪽으로 낮게 던지며 한판 승부를 걸었다. 쿠바 타자가 때린 타구를 우리 유격수가 잡자마자 2루수를 거쳐 즉각 1루수에게 전해졌다. 병살타였다. 한국의 극적인 3 : 2 승리였다. 선수들은 그라운드에서 서로 얼싸안고 눈물을 펑펑 쏟았다. 고통 뒤에 맛보는 희열 바로 그것이리라. 감독의 '신뢰信賴의 야구'가 결실을 맺는 순간이었다.

그들은 정말 멋졌다. 한국 야구는 최고였다. 선수 모두가 한마음 한뜻으로 하나가 돼 따낸 금메달이었다. 감독은 선수를 믿었고 그 믿음은 9연승 전승으로 이어졌다. 미국, 일본, 쿠바는 고개를 숙였다. 우리 야구가 금메달을 따내며 최초로 세계 최강에 오르는 순간, 온 국민이 열광의 도가니에 빠져 행복해 했다. 상상조차 못했던 대승이라고 세계 언론도 찬사를 보냈다.

감독이 선수에 대한 신뢰는 확고했다. 왼손 투수가 나와도 왼손타자를 상위타순에 줄줄이 배치했다. 타자가 진루하면 번트를 대고 왼손 투수가 나오면 오른손 타자를 내세우는 '스몰 볼' 전략은 자제했다. 젊었을 때 선수생활에서 패자의 아픔을 너무나 잘 아는 감독이다. '야구는 감독이 아니라 선수가 하는 것'이라며 믿음의 야구를 고집한 게 승리의 가장 큰 요인이라고 이구동성異口同聲이다. "지금 당장 야구를 그만두어도 여한이 없다."라며 감독은 기뻐했다. 멋진 감동의 경기였다.

올림픽은 언제나 큰 감동이다. 인생의 승부를 건 한 판에서 세계최고의 선수들이 흘리는 땀과 고통을 피부로 느낄 수 있어서다. 그들의 혼신의 노력과 어려운 여건 속에서 지낸 오랜 인고忍苦의 시간까지도 경기 중에 관람하게 된다. 선수들이 쏟아내는 거짓 없는 땀 냄새를 맡게 되면, 스포츠의 위엄에 감동하지 않을 수 없다.

누가 뭐래도 올림픽은 금메달이 목표다. 올림픽만큼 승리와 패배의 정점을 적나라하게 드러내는 경기도 드물다. 메달 앞에 모든 것을 걸어야 하는 싸움이라고나 할까. 출전만으로도 기쁨이라는 말은 겸손일 뿐이다.

메달을 따면 우리는 열광한다. 하지만 선수들의 기쁨을 그들만큼 다 느낄 수는 없다. 더구나 보이지 않는 그 외로움과 고통까지야. 고통이 크면 클수록 기쁨도 크다고 한다. 어쩌면 생에 단 한 번의 출연을 위해 외로움과 고통을 견뎌야 했기에, 한순간의 승리가 더 큰 영광으로 그들에게 열화처럼 다가오는 것이리라.

승부의 세계는 어디서나 냉정하게 마련이다. 패배하는 순간, 아무도 그들이 지나온 길을 기억하려 하지 않는다. 그 직전까지는 아마 그들만의 세계에서는 일인자였을 텐데 말이다.

과연 인생이 올림픽이라면 어떨까. 우리네 인생이 그런 것처럼 경기에서 승리의 영광만이 전부는 아니다. 좌절의 경험이 더 값진 삶을 살게도 한다. 사실 인생에서는 이루지 못하는 일들이 더 많다. 뜻대로 안 되는 게 인생인지도 모른다.

"열심히 인생을 살다 보면 메달 하나쯤은 따는 날이 있을 거야."

사람들은 고통 속에서도 이런 희망을 갖고 서로 위로하며 산다. 위로와 격려는 곧 삶의 큰 힘이 된다. 더구나 인간은 혼자만은 살 수 없는 게 아닌가.

축하와 격려는 많을수록 좋다. 거기에 고마운 마음을 얹혀서다. 승자든 패자든 다 그 대상이다. 꿈을 못 이룬 패자도 우리에게는 타산지석他山之石이요, 그들이 있어 승자도 빛을 내는 것이기에 그러하다. 혹여 훗날 다시 도전하여 승리의 노래를 부를지 누가 알랴.

어느 경기에서든지 감독의 뛰어난 용병술과 신뢰 형성은 선수

능력을 한껏 발휘하게 한다. 올림픽에서 한국 야구의 승인勝因은 무엇보다 서로간의 믿음이었다. 선수에게 신뢰를 줘 멋진 승리로 모두에게 기쁨을 준 감독의 역량이 크게 돋보였다.

금융위기로 너나 할 것 없이 큰 고통을 겪고 있다. 신뢰는 공동체생활의 밑거름이요, 인간관계에서도 필수다. 친구 사이의 우정도 부부간의 사랑도 그걸 먹고 산다. 모든 조직사회가 그것을 바탕으로 튼튼해지듯이 금융시장에서도 고객의 신뢰가 우선이다. 믿음이 있어야 시장불안이 해소돼 경제가 안정되지 않겠나.

계절 따라 꽃이 다시 피어나듯, 우리네 삶도 끊이지 않고 어김없이 이어질 것이다. 그날의 환희와 영광을 떠올리며 다시 달리는 거다. 믿음이 그 출발점이다. 올림픽의 감동이 그립다.

(2008. 9.)

많이 사랑해

누가 아침 단잠을 깨운다. 현관문 두드리는 소리에 얼른 나가보니 귀여운 손녀다. 혼자서 찾아온 게 제법이다. 팔 벌려 달려들어 얼굴을 비벼대며 응석을 부린다.

혈육血肉은 눈에 넣어도 아프지 않을 만큼 아깝다던데, 이제 막 세 돌이 지난 손녀가 그렇다. 품에 꼭 껴안으니 코끝에 와 닿는 체취가 달콤하고 향기롭다. 어린이집이 쉬는 날이라 이른 시간에 찾아왔나 보다.

지난 2월, 서울에서 직장생활을 하던 아들이 고향으로 이동 발령됨에 따라 아들네가 뒷집으로 이사를 왔다. 고향에 살기는 학교 졸업 후 결혼하고 처음이다. 갑작스런 이사로 한집에 같이 살 수 없는 형편이라 부득이 뒷집을 전세 내어 살고 있다.

고향이 춘천인 며느리는 제주에 사는 동안 시댁 풍습도 배우게 되어 좋다고 한다. 동네 수목원 산책길과 맑은 공기가 꽤 맘에 드는 모양이다. 조심스럽고 걱정되는 일이 한둘이 아니겠지만 그런 내색 않는 며느리가 고맙게 느껴진다.

요즘 우리 내외는 사는 재미가 쏠쏠하다. 날마다 찾아와 집안 분위기를 바꿔 놓는 손녀 때문이다. 재롱떨며 노래도 부르고 몸을 흔들어대며 춤도 춘다. 그러다가도 제 엄마가 오면 투정부리며 울어대기 시작해 곤혹스러울 때도 종종 있다. 아직 설익은 제주말도 흉내 내어 곧잘 웃긴다. 우리 부부는 같이 놀며 함께 웃긴 하지만 감感을 잘 몰라 탈이다. 손녀에게 점수를 따려고 애를 써 봐도 별로 신통치 않다. 옛날 어릴 적과는 너무나 변했다. 그때는 '저기 호랑이 온다.'고 하면 울던 울음도 뚝 그치곤 했었다. 정서가 많이 달라진 오늘이니 어쩜 당연한 일일 터인데도, 아이 마음을 몰라 쩔쩔매며 진땀 흘리기 십상이다. 그래서 재미가 더 있다.

나의 아내에게서 들은 얘기인데 지난번에 이런 일도 있었다.

아내가 며느리와 함께 손녀를 데리고 셋이서 수목원 산책을 나갔다. 봄날이라 어린애들도 많고 관광객들도 북적거리고 있었다. 놀이터를 지나는데, 아주머니 한 분이 아이가 너무 귀엽다고 초콜릿을 주며 할머니의 손을 잡고 가는 손녀에게 물었다.

"참 예쁘구나. 할머니가 좋아?"

"할머니는 조금 사랑하고요, 할아버지 많이많이 사랑해요."

네 살짜리 손녀의 재잘대듯 하는 대답이 예상외였다. 거기에 함께 있지도 않은 할아버지를 등장시키다니! 옆에 있던 아내와 며느리는 당황했고, 초콜릿을 준 그 아주머니는 어쩔 줄 몰라 했다. 아마도 '할머니를 좋아한다.'는 대답만을 기대했던가 싶다. 겸연쩍었는지 고개를 갸우뚱하면서 머리를 쓰다듬어주고 떠났다는 것이다.

손녀가 할머니와 둘만 있을 때는, 늘 '할머니를 많이 사랑한다.'고 했단다. 그 말을 듣고 나는 웃어넘겼지만 아내는 조금 서운한 눈치였다. 그날 어린 손녀는 무얼 믿고 그랬을까? 풀어야할 쉽지 않은 숙제였다.

한데 기회가 빨리 찾아왔다. 봄볕이 따스한 어느 일요일, 숲길을 걸어 성당에 가족이 함께 갔다. 아들네와 주일미사에 참례하는 건 일과 중의 하나다. 미사시간에는 마음이 평온해지며 집중이 된다. 그날 충청도 예산에서 온 나이 지긋한 신부님의 미사강론 중에 들려준 '호랑이와 사냥개' 이야기는 재미있고도 마음에 와 닿았다.

충청도 야산에 큰 호랑이가 있었다. 밤이면 가끔 산에서 이 호랑이의 포효咆哮 소리가 들린다. 동네 개들도 호랑이 울음소리를 들으면 집에서 꼼짝 못하고 오줌을 싸면서 몸을 덜덜 떤다. 개들은 호랑이의 배설물이나 발자국만 봐도 오금을 펴지 못한다. 동물들은 길을 가다가도 굶주린 호랑이의 눈빛과 딱 마주치면 숨도 제대로 못 쉬고 꼼짝달싹도 못해 결국 호랑이에게 잡아먹히게 된다.

그런데 사냥개는 다르다. 사냥개는 호랑이를 보면 도망치지도 않고, 날렵하고 자신만만한 자세로 호랑이에게 달려든다. 오히려 호랑이는 기가 죽어 동굴 속으로 황급히 도망치기 일쑤다. 동굴 앞에 사냥개들이 지켜 서서 짖어대면 호랑이가 굴속에서 사족을 못 쓰고 몸을 떨면서 헛기침만 한다.

사냥개가 겁도 없이 호랑이에게 덤비는 용기는 어디서 나오는가. 사냥꾼인 주인이 뒤에 떡 버텨서 있기 때문이 아닐까. 사냥개는 주인이 자신을 책임진다는 것을 믿고 무서운 호랑이를 향해 기세등등하게 달려드는 것이다. 주인에 대한 절대적인 신뢰가 사냥개로 하여금 그런 용기와 무서운 힘을 발휘케 하는 것이리라.

이야기를 들으며 곰곰이 생각하는 동안에 손녀가 남긴 물음이 떠올랐다. 손녀는 잘 놀다가도 엄마 오는 소리가 들리면 가끔 투정부리며 울기 시작했었다. 그날 숲길에서 뜻밖의 대답을 할 때도 옆에 엄마가 있었다. 믿는 곳이 있으니 자신감이 생겨 당당하고 마음도 여유로워졌는가 싶다. 어린 손녀의 흔들리지 않는 믿음의 원천은 바로 엄마였다. 아이에게 미더운 사람은 언제나 엄마다. 손녀에겐 믿는 곳이 있으니 오늘도 마냥 좋은가 보다.

성당을 나서서 수목원 길로 들어서니 봄 향기가 물씬 풍긴다. 스치는 봄바람에 풀꽃들도 손짓하고 있다. 아내의 얼굴이 화사한 날씨처럼 밝고 평온하다. 어려운 문제를 풀어낸 듯 흐뭇한 표정이다.

'애야, 할아버지도 많이 사랑한단다.'

혼잣말이 눈빛으로 전달된 걸까. 손녀가 나를 보고 생긋 웃는다.

(2007. 4.)

노송老松의 향기

소나무 도둑을 잡았다니 놀랍다. 계룡산 장군봉에 있던 자연산 반송盤松이 도난당한 지 몇 개월 만이다. 새벽 야산에서 소나무를 파내어, 감쪽같이 나무를 손질해 분재원에 심은 걸 어떻게 알아내어 범인을 잡았을까? 반송은 키가 작고 가지가 옆으로 퍼지는 소나무다. 이 나무는 줄기 밑부분에서 굵은 곁가지가 많이 갈라지며 수형樹形이 우산처럼 더부룩해 관상수나 분재용으로 무척 인기다.

지난봄, 계룡산국립공원의 도난신고를 받은 당국이 탐문수사를 벌인 끝에 범인으로 지목한 사람은 범법 사실을 철저히 부인했다고 한다. 도난당한 반송은 수령이 백 년이 훨씬 넘는 노송으로 시중거래가격이 삼억 원 정도란다. 수령이 오래된, 품격이 다른 소나무이어서 그렇게 높은 가격을 주는 것일까. 몇 개월이나 고민하던 수사팀은 국립산림과학원에 자문해 식물도 유전자 검사가 가능하다는 걸 알아냈다. 결국 분재원에 있는 소나무 잎과 장군봉에 남겨진 그 뿌리의 유전자를 대조해 도둑을 잡았다는 소식이다.

이쯤 되면 소나무가 절도범을 잡아 준 셈이다. 사람이나 동물의 유전자검사가 병상의학이나 범죄과학에 이용된다는 건 이미 알고 있는 사실이다. 하지만 소나무에서 유전자를 검출하여 범인까지 잡는다니 놀라지 않을 수 없다. 과학기술의 영역을 어찌다 가늠할 수 있으랴. 이제는 어느 누구도 산에서 소나무를 도취盜取할 엄두를 못 낼 것이다. 다행한 일이다. 어찌 보면 어른이 아이를 가르치듯이, 소나무가 우리에게 무엇인가를 가르쳐 주고 있는 것 같다. 소나무에서 배울 일이다.

소나무는 품격이 있는 나무다. 그래서일까, 사람들은 예로부터 소나무를 좋아한다. 주변에서 쉽게 볼 수 있는 소나무는 쓰임새가 다양하고 실용적이며 약재로도 많이 쓰인다. 또한 생김새가 아름다워 일찍부터 관상수로도 각광을 받아온 나무다. 중국 명나라 학자 이시진李時珍이 저술한 약학서 ≪본초강목≫에 '소나무는 모든 나무의 어른'이라는 말이 있다. 소나무가 나무 중에 으뜸이라는 뜻이리라.

근래 건강관리가 큰 관심사가 되면서 많은 사람들이 소나무가 울창한 숲을 찾고 있다. 그래서 소나무 숲길은 삼림욕을 즐기는 산책객들로 항상 만원이다. 소나무에서 풍기는 싸한 냄새는 피톤치드라는 소나무의 항균성 물질에서 나온다. 이 물질은 사람으로 하여금 해로운 미생물도 제거하고, 마음의 긴장을 풀어 상쾌한 기분이 들게 한다. 소나무가 사람의 육체뿐만 아니라 정신까지 건강하게 지켜주는 것이다. 소나무가 점점 사람들의 많은 관심을 끌고 있는 요즘이다.

소나무는 적송과 흑송으로 나뉜다. 우리나라에는 적송이 많다. 보통 소나무라고 하면 껍질이 붉은 소나무인 적송을 가리킨다. 고풍스런 소나무들은 대부분 적송이다. 가야산의 적송은 그 기품이 멋스럽기로 소문이 자자하다. 흑송은 몸체가 검게 보이는 소나무이며 곰솔이라고도 한다. 이 나무는 해안가나 섬 지역에서 많이 자라므로 해송이라고 부르기도 한다.

제주 산천단 곰솔나무는 우리나라에서 가장 오래된 흑송이다. 수령이 오백여 년이 넘는 나무이어서 그 위용과 기품이 대단하다. 천연기념물인 이 나무가 강풍에 무게를 이기지 못해 한쪽으로 기울며 몸통이 찢어지는 등 고사 위기를 맞아, 요즘 긴급 외과수술 중이어서 무척 안타깝다.

지난여름, 국내 여행길에서 만난 노송들이 지금도 눈앞에 어른거린다.

청산도 도락포구에서 만난 노송은 오래 기억될 것 같다. 산책길에 늘어선 수령이 수백 년 되어 보이는 소나무들의 형상미가 일품이었다. 만조滿潮로 넘실거리는 아름다운 포구가 배경이어서 그 늙은 소나무의 기품이 더 돋보였을까. 외할머니 인정처럼 넉넉한 아침포구에서 솔향기와 어우러진 새벽공기도 상큼한 맛이었다.

오랜만에 찾은 속리산 정이품소나무는 어떠했던가. 노송의 기품이 예전이나 변함이 없었다. 수령이 육백 년 이상으로 추정되는 이 적송은 천연기념물 제103호의 지정문화재다. 속리산으로 들어가는 길 한가운데 수백 년을 떡 버티고 있는 이 소나무 서쪽 옆으로는, 속리산 청황봉에서 발원한 속리천 시냇물이 맑은 소리를 내며 감돌아 흐른다. 나뭇가지를 지지대로 받쳐 지탱해주고 있고 외과수술 흔적이 있긴 하나, 수세가 싱싱한 이 노송은 단아하면서도 아직도 당당하고 멋진 모습이다. 정이품正二品이라는 벼슬품계를 가지고 있어서 그럴까. 그 사연이 매우 흥미롭다.

옛날 세조 임금이 신병을 치료코자 온양 온천과 속리산을 찾아 나섰을 때, 이 나무 아래 이르렀다. 타고 가던 연輦이 나뭇가지에 걸릴 것을 염려하여 신하들이 "연 걸린다!"라고 소리치자 신기하게도 늘어졌던 나뭇가지가 스스로 하늘을 향하여 올라가서 무사히 통과하도록 하였다. 한양으로 돌아갈 때에는 마침 쏟아지는 소낙비를 이 나무 아래서 피할 수 있었다. 세조 임금은 이를 너무나 신기하고 기특하게 여겨 이 소나무에 정이품의 벼슬을 내렸다는 전설이 전해져 내려온다.

늙을수록 기품이 있는 나무가 소나무다. 온갖 풍상을 이기고 수백 년을 꿋꿋하게 살아온 늙은 소나무를 보라. 풍겨오는 느낌이 강렬하다. 노송의 기품을 무엇에 견주랴. 청송의 푸름과 그 향기를 어떻게 표현하랴. 세상 풍파를 다 겪으며 인생을 살아온 원로에게서 고고한 인품을 느끼듯, 늙은 소나무에서 높은 품격을 느낀다. 노송 앞에서는 내가 왠지 작아지는 느낌이다. 인간을 이롭게 하는 푸른 솔에서 사랑을 느끼고 정기를 얻으며, 옛 선비들처럼 소나무에서 인내와 절개를 배우고 싶다.

인간을 제외한, 이 세상의 모든 생명체는 거짓을 모르고 살아간다. 소나무가 거짓을 알 리 없지 않은가. 소나무의 유전자 추적으로 계룡산 반송 도둑이 잡혔다니 퍽 다행한 일이다. 이제 근심 걱정에서 벗어난 산은 환상의 가을을 꿈꾸며 밝고 아름다운 모습으로 제 몸치장을 하고 있으리라. 소나무가 삶의 정도正道로 정직을 가르쳐 주고 있는 듯하다.

노송에서 풍겨오는 냄새가 상큼하고 향기롭다.

(2007. 10.)

나의 벗, 나의 산

아침에 숲 속을 산책하는 것이 하루의 필수코스다. 이제 건강을 관리해야 할 나이이기도 하지만, 산책의 즐거움에 맛들이면 빠져 나올 수 없다더니, 이것을 낙樂이라고 해야 할까, 아니면 병이라고 해야 할까.

새벽에 일어나 산길을 걸어본 사람이면 누구나 그 맛을 안다. 맑은 공기의 맛을 어찌 말로 다하랴. 새들의 노래와 어우러지는 이슬 구르는 소리는 지상 최고의 화음을 이루어 우리를 환영한다. 함께할 친구나 동반자가 꼭 필요하지도 않다. 산책길을 들어서기만 하면 누구나 동반자이자 친구가 된다. 이렇게 한라수목원의 아침은 산과 사람들이 함께 어우러져 새벽을 열어간다.

돌이켜 보면 이 동네로 이사 오길 참 잘했다는 생각이 든다. 변화에 잘 적응하지 못하는 고집스러운 나를 아내는 조석朝夕으로 설득하다 못해, '나이가 들면 아내의 말에 따라야 한다.'는 지론을 지닌 누님까지 동원하고 나서는 바람에 이사를 결심하게 되었다. 이사 온 후, 산행을 하면서 나무 냄새, 풀 냄새를 맡다보면 문득문득 가슴 한곳에 저미어 둔 그리운 고향 마을이 동공瞳孔으로 들어온다.

내 고향마을은 15세기경, 조선 초기에 형성된 마을이다. 당시엔 내川를 옆에 끼고 있다고 하여 '내끼'라고 불리다가, 그 후론 신풍리라 불렀다. 성산읍과 표선면 경계인 천미천川尾川을 끼고 있는 중산간 마을로, 한라산에서 바다로 이어지는 이 하천을 끼고 돌아 그 끝자락에 둥지를 튼 마을이다.

천미천은 건천乾川으로 항상 물이 흐르는 내가 아니라, 비가 많이 와서 산에서 내려오는 물이 흘러 형성되는 내다. 제주도에서는 국가 하천으로의 승격을 준비할 정도로 수려하며 폭이 넓고 길이도 가장 길다. 물이 고여 있는 내를 소沼라고 하는데, 이곳은 아이들이 수영하기에 좋다.

냇가는 우리들의 놀이터였다. 초등학교 시절, 학교에서 돌아오면 늘 냇가로 나가 놀았다. 친구들과 소에서 수영도 하며 올챙이나 미꾸라지도 잡고 잠자리와 벗하다 보면 도새기 채(돼지 밥) 주는 것을 자주 까먹곤 했다. 어머니에게 부지깽이로 매를 맞으면서도 친구들과 매맹고냉이*가 되도록 노는 게 너무 좋았다. 중학교 시절엔 여름철 바다 수영대회에서 입상할 정도라, 무서운 체육 선생님도 "중산간마을 학생인데도 수영 잘한다."라고 칭찬하며 후한 점수를 주기도 했다.

큰비가 오면 냇가에 물이 범람하여 인근 밭은 물난리로 농사를 망치기 일쑤였다. 그렇더라도 어린 우리에게는 물난리를 구경하는 게 흔치 않은 볼거리요, 커다란 재미였다.

물막이댐이 만들어진 것은 고향을 떠나 고등학교로 진학한 후다. 댐 공사와 하상河床작업을 하면서 포클레인으로 냇가 큰 바위와 소와 돌 언덕들이 파헤쳐져 버렸다. 환경보존 개념이 부족한 그 시절이어서 그랬을까. 막무가내 공사는 우리의 후손들의 놀이터를 앗아갔으며, 내 어릴 적 추억의 뿌리마저도 송두리째 지워버렸다. 냇가에서 물놀이하는 어린아이들의 모습이 함께 사라져버린 것이다. 이제는 고향 어디에서도 볼 수 없으니 이를 어쩌랴. 그래서 병이 난 걸까.

언제부터인가 나는 산을 오르고 있었다. 본격적으로 산을 오르기 시작한 것은 직장생활을 시작한 지 이십여 년이 지난 후이다. 당시 내 건강이 너무 나빠져 식구들이 안절부절못하였다. 특별한 병명이 없이 비실비실하며 의욕을 잃어갔다. 직장 다니

---

* '매맹고냉이가 되다.'라는 뜻은 고양이가 손으로 세수를 해도 잘 닦이지 않는 얼굴을 표현한 제주도 지역어임.

기가 힘들 정도로 그런 상황이 오래 지속되었다. 병원에서는 스트레스가 원인이라고 하였다. 뾰족한 대책 없이 지내던 어느 해 봄, 산악회 활동을 하는 학교동창 친구의 권유로 산행을 결심하여 칠 년여 동안을 주말이면 빠짐없이 한라산을 등반하였다. 그러다보니 주말 산행을 하지 않으면 못 견딜 만큼 빠져들었다.

산이 너무 좋았다. 신기하게도 문제의 그 병이 사라져 버린 것이다. 이제와 생각하니 산행을 시작하길 참 잘한 것 같다. 인생은 선택의 결과라고 그랬지.

2004년 1월, 삼십여 년의 직장생활을 마감하고 조기에 퇴직하였다. '나아갈 때보다 물러설 때가 더 중요하다.'라고 하지 않는가. 내 고집을 꺾지 못한 가족들이 오히려 당황해하는 것이었다. 가족들의 걱정이 태산 같았다. 정년이 몇 년 더 남아 있는데도 갑자기 퇴직했으니 그럴 수도 있었다.

"갑자기 직장을 그만두면 생사람도 병난다."

가족들과 주변에선 나보다도 더 나의 건강을 걱정하며, 뭔가 방법을 찾아야 한다고 하였다. 직장 문제는 그런대로 받아들이고, 그 조건으로 환경이 좋은 곳으로 이사를 가야 한다는 것이다.

"오랫동안 도심都心에서 살았으니 건강에 도움 되는 외곽이 좋지 않겠냐."

한번도 거역해 본 적 없는 누님의 말이면 들을 줄 알고 누님까지 동원한 것이었다. 힘들게 이사를 결심한 날, 아내가 기쁜 마음으로 나를 얼싸안았다. 창가에 혼자 서서 지나온 날들을 생각하며 황진이의 시조 "산천에 봄이 다시 오니…."를 읊는 나를 보고 얼싸안을 때처럼 그랬다. 내 아내는 말로 표현하지 않고 '사랑한다. 맘에 꼭 든다.'는 표시를 가끔 이렇게 한다.

가족들은 산과 내를 좋아하는 나를 잘 알고 있기에 이 동네로 이사 온 후에는 내가 늘 건강하리라고 믿는다. 오랜 벗인 산의 가르침대로 이젠 내려놓아야 할 것들과 가슴속으로 채워 넣어야 할 아름다운 일들을 상상하며 오늘도 여명黎明을 좇아 산행을 나선다.

(2006. 5.)

이상하게 맺은 우정

늦은 가을 오후다. 나뭇잎이 떨어져 뒹구는 숲 속 길에 들어섰다. 여름 내내 무성했던 나무숲은 가을바람에 낙엽을 휘날린다. 앙상한 나뭇가지 사이로 가을햇볕이 스며들어 애잔한 그림자를 드리운다. 여름의 풍요로움은 모두 어디로 사라졌는가. 고독하고 쓸쓸하다.

숲길을 지나 숨을 헐떡이며 오름 정상에 오르니 맑은 하늘 아래 저 멀리 한라산이 보인다. 가을바람에 물결치는 하얀 억새꽃 들판이 눈에 확 들어온다. 그 풍경이 억새꽃이 물결치는 고향마을 들판 같다.

고향을 떠난 지 수십 년이나 되지만 억새꽃 들판을 뛰놀던 어린 시절 기억들은 지금도 생생하다. 가난하였지만 인정이 있던 시절이다. 이제 나이가 들어서일까. 벗들과 뛰놀던 그 시절이 무척이나 그립다. 친구의 다정한 목소리도 들려온다.

초등학교 4학년 때의 일이다. 혹독한 가난에 쪼들리던 시절이었다. 우리 풍천초등학교는 시골이라 학급도 한 학년에 남녀 합반 한 반뿐이었고, 학생이라고 해야 고작 40명 정도였다. 중산간 마을에서 3km 정도 떨어져 있는 학교 길을 줄곧 걸어서 다녔다. 4학년 때부터는 서예도 배웠다. '공부 잘한다.'며 담임선생님은 나를 반장까지 시켜주었지만 예능과목이나 서예는 남보다 뛰어나질 못했다.

동네 친구 철이는 붓글씨를 아주 잘 썼다. 부럽기도 했지만 그에게 뒤진다는 것에 속이 몹시 상했다. 서예는 예능과목이니까 타고난 재주가 있어야 한다며 누나가 위로해도 쉽게 받아들여지지 않았다. 서예 숙제를 내면 습자연습 핑계로 늘 그 친구 집을 들락거렸다. 그러다 보니 친해지기도 하였지만, 그가 붓글씨 잘 쓰는 이유를 내 나름대로 발견하게 되었다.

문제는 붓이었다. 그 친구의 붓이 훨씬 좋은 것이었다. 어머니에게 좋은 붓을 사달라고 해봐야 소용없는 일이 아닌가. 가난에 쪼들리는 우리 집 형편인데 어찌하랴. 궁리 끝에 친구의 붓을 훔치기로 작심하고, 기회만을 노리고 있었다.

초가을 어느 날, 철이네 집에 놀러갔다가 친구가 없는 틈에 일을 저질렀다. 하지만 운이 없어서인지 며칠 후 발각되고 말았다. 친구 집에 자주 다니는 나를 의심하여, 철이 어머니랑 나의 어머니 두 분이 내 방을 샅샅이 뒤져 붓을 찾아낸 거였다. 놀랍게도 붓대에 몰래·비표秘標까지 해두어 도저히 잡아뗄 수가 없는 일이었다.

다행히 사건은 남몰래 수습되었다. 어머니에게 회초리로 종아리에 멍이 들도록 매를 맞았다. '바늘도둑이 소도둑 된다.'고 하였다. 어머니의 눈에서 글썽거리는 눈물을 보기는 처음이었다. 도둑질을 했으니 친구를 찾아가 사정하고 오라는 게 아닌가. 죽기보다 싫었지만 할 수 없이 찾아가 용서를 빌었다.

"애야, 잠깐 빌려 쓰려고 한 건데 뭘 그러냐. 친구 사이에 그런 일로 용서를 빌기까지 하다니. 네 어머니가 멍이 들도록 매질까지 했구나. 괜히 신경 쓰지 말고 앞으로 더 친하게 지내렴."

정말 뜻밖이었다. 친구 어머니는 웃으며 가볍게 넘겨주었다. 도둑질한 것을 빌려간 것으로 오히려 변명해주었다. 선생님까지 알까봐 겁이 덜컥 났는데 생각밖에 너그러운 용서를 받은 것이다. 부끄러워 얼굴을 들 수가 없었다. 집에 오자 기다리던 어머니는 엄숙한 표정을 지으며, 칼로 자르듯 냉정하고 분명하게 말했다.

"정직해야 한다. 앞으로 도둑질을 한번 더하면 너는 내 자식이 아니다."

그 일이 있은 며칠 후, 어머니가 자초지종을 자세히 말해주었다. 친구 철이가 자기 어머니에게 남이 알면 안 된다고 사정해 내가 용서를 받게 된 것이었다. 놀라운 일이었다. 친구인 내 입장을 먼저 생각해준 것이다. 벗을 위해 사정하는 그 친구의 목소리가 그 순간 가을비처럼 촉촉이 내 가슴으로 젖어들었다. 앞으로 이 일을 결코 잊지 않고 '정직한 사람이 되리라.'고 나는 마음에 굳게 다짐하였다.

어느 날 하교 길, 억새꽃이 물결치는 가을 들판에서 그에게 나의 결심을 털어놓으며 변치 않는 친구가 되길 청하였다. 그는 웃으며 말없이 고개를 끄덕여주었다. 그 후부터 우리는 예전보다도 훨씬 더 가까워졌다.

고향에서 중학교를 졸업한 후 제주시로 진학도 같이하였다. 가정형편이 어려운 나는 자취생활을 하는 그의 방에 함께 살았다. 도와주는 내색도 없이 방세를 받지 않았다. 훗날 몇 배로 받을 것이라며 오히려 으름장을 놓기까지 했다.

학창시절을 마감한 후 그는 행정 분야로 직장을 선택하였다. 늘 성실하고 겸손한 그는 직장에서 실력을 갖춘 공직자로서 아랫사람들의 존경과 상관의 신임을 한 몸에 두텁게 받았다. 이제는 실·국장까지 지낸 지역사회의 덕망 있는 지도자다.

내가 30여 년의 직장생활을 마감하는 날, 퇴임식장에 그가 찾아와 축하해 주었다. 액자도 선물로 들고 왔다. 붓글씨로 '인의

예지신仁義禮智信'이라고 손수 쓴 작품으로 그의 서예 솜씨는 여전히 일품이었다. 내겐 최고의 선물이라고 할까.

그날 저녁, 우리는 여러 친구들과 식사를 하며 옛날얘기로 꽃을 피웠다. 나는 용기를 내어 여럿이 모인 자리에서 어릴 적 '붓 훔친 사건'을 고백하였다. 친구들이 놀라 눈이 휘둥그레지며 식사 자리는 온통 웃음바다로 변하였고, 나는 놀림감이 되었다. 그 친구는 빙그레 웃으며 "기억이 잘 나지 않는다."라고 했다.

그는 죽마고우로 예나 지금이나 변함없는 친구다. 그이만큼 나를 정직하게 해 준 사람은 없다. 그와 함께 있으면 늘 편안함을 느낀다. 모자람이 많은 나인데도 더 요구하거나 불평함이 없다. 내가 존경하는 넉넉한 친구다. 비 온 뒤에 땅이 더 굳어지듯이 붓을 훔치고 나서 맺어진 그와의 우정友情이 오늘의 나를 있게 한 것이다.

늦가을 햇살이 따스하게 비추는 창가에 기대어 지난날을 되돌아보며 생각에 잠긴다. 친구의 붓을 훔친 그 후 지금까지 살아오는 동안 더 큰 죄를 지은 일은 없었는지, 벗을 위해 조금이라도 노력한 일은 무엇이었는지, 생각할수록 얼굴이 뜨겁다.

가슴에 젖어드는 친구의 목소리가 저 멀리서 들리는 듯하다. 나는 늘 기도한다. 우리의 우정이 영원하여지이다.

(2006. 11.)

어울림이 아름답다

여름 태양열기가 뜨겁다. 처서處暑가 지났는데도 폭염은 꺾일 줄을 모른다. 차창을 통하여 내리쬐는 햇볕이 에어컨의 성능을 무색하게 한다. 우리를 실은 차는 청주공항을 나서서 찜통더위를 뚫고 속리산으로 가는 국도를 보란 듯이 내달린다. 제주에서 먼 길 온다 하여 보내준 차다. 그 배려하는 마음이 더위를 식혀주듯 가슴에 와 닿는다.

지난 정월 ≪수필과비평≫ 신인상 수상으로 수필문단에 등단한 후, 처음으로 '수필과비평 하계수필세미나'에 참가하러 나선 길이다. 제주에서 동인 몇 분이 함께 가는데 기분이 꽤 들뜬다. 수많은 작가들이 참석하는 전국행사여서 그런 것일까.

흔히 사람은 태어나서 죽을 때까지 배워도 다 배우지 못한다고 한다. 맞는 말이다. 나이가 들어 인생 경험이 아무리 많아도 초행길은 불안하고, 초년생은 누구나 서툴게 마련이다. 다 알 수 없는 세상사이고, 예측하기 힘든 인생사여서 오히려 사는 맛이 나는 게 아닐까. 오늘의 만남에 대한 기대와 설렘이 남보다 큰 것은 초년생의 첫 나들이이기 때문이리라.

행사장은 행사 시작 전부터 사람들로 붐볐다. 신인상과 문학상 시상식을 겸한 하계세미나이어서인지 수필동인은 물론 수상자 가족, 축하객들로 북적거렸다. 일찍 호텔에 도착한 우리는 행사 시작시간까지는 여유가 있어, 방에 짐을 풀었다. 잠시 휴식을 취한다는 게 금세 시간이 지나 행사 시작 십 분 전에 들어왔는데도 접수창구는 벌써 마감된 듯했다. 좌석이 모자라서인지 뒤쪽에 서 있는 사람도 꽤 많았다. 빈 좌석을 찾아 두리번거리는데 거제도에서 참가한 선배회원의 배려로 그분들과 좌석을 함께하게 되어 행운이었다. 미리 챙겼는지 수필집이랑 세미나자료까지 나눠주었다. 마음의 문이 저절로 활짝 열렸다.

나는 문학의 길에 들어선 초년생이고, 내가 가는 이 길은 초행길이다. 학교생활의 졸업이 사회생활의 시작이듯이 문단에의 등단은 곧 글쓰기의 시작이다. 기대도 크지만 불안한 마음도 없지 않다. 이러한 나의 마음을 알기라도 하듯 베푸는 '수비隨批' 선배들의 배려에 코끝이 찡해 온다. 후배들을 이끌어주는 선배들의 마음이 온몸으로 느껴진다.

수백 명의 전국 회원들이 모이는 행사인데도 선배들은 우리에게 배차까지 해 주고, 안면이 없음에도 불구하고 좌석을 양보해 주며, 수필집과 자료까지 챙겨주니…. 마음이 뜨거워지면서 기쁨과 감동이 그 안으로 찾아들고, 흐뭇한 미소가 얼굴로 번진다.

시상식과 세미나를 개최하는 행사장은 축제 분위기로 화기애애하다. 세 시간 남짓 진행된 행사 내내 화목한 분위기가 행사장을 감돈다. 문학 강연은 제철을 만난 듯 눈부신 꽃을 피운다. 만찬까지 마치고 나니 저녁 여덟 시가 지났다.

맑은 하늘에 반짝이는 별과 달이 산속의 여름 밤을 밝게 비친다. 시원한 산바람은 한낮의 더위를 잠재우며 서서히 여름 밤을 식혀준다. 며칠 지나면 백중百中이어서인지 열사흘 달빛이 유난히 밝다. 이 밤을 그대로 보낼 수는 없지 않은가.

저녁 만찬 후, 속리산 호텔 옆 야외무대 광장에는 수백여 명이 모여 친교 한마당을 펼치고 있다. '수필작가 달빛 밟기' 한마당이다. 광장에 쌓아올린 장작더미에 불을 지핀다. 타오르는 불길로 시작된 어울림 한마당은 선후배 동인들의 화합과 친교의 장場이다. 장작불을 중심으로 손에 손을 잡고 원을 그리면서, 손뼉을 치고 빙빙 돌며 부르는 노랫가락에 어깨춤이 절로 난다. 남녀노소가 따로 없다. 한마당 잔치에 참석한 나도 덩달아 흥이 난다. 땀이 흐르는 줄도 모를 만큼 흥겨운 잔치에 빠져든다. 시원한 맥주 한잔의 맛이 기가 막히다.

잔치의 절정은 각 시도지부 대항 장기자랑이었다. 열창과 율동으로 이어지는 장기자랑 경연은 문인이라는 본업本業이 의심스러울 정도다. 출연자들의 열정이 어느 젊은이들 못지않다. 문인들의 멋스러움이 새롭게 느껴진다. 모두가 하나로 어우러지는 축제 한마당에서 우리 팀이 부른 노래는 〈서귀포 칠십리〉이었는데, 발표 결과 입상이었다.

"멀리서 참석했는데 잘되었네, 회원이 적은 지부를 배려하는 것도……."

축하의 환호 속에서 도란거리는 말소리가 들린다. 축제 분위기에 서로간의 경계선도 무너진다. 상대와 나, 서로를 이해하려는 대화 또한 정겹다.

남을 배려配慮한다는 것. 그것은 아름다운 것이고, 더불어 사는 사회의 기본덕목임에 틀림없다. 상대를 이해할 줄 아는 따듯한 사람들의 소중한 산물産物일 터이다. 선후배간의 배려는 사랑의 이름표를 달아줄 만큼 아름다운 것이기에 그 어울림 또한 멋지고 아름답다.

호텔 숙소로 돌아오니 늦은 밤이다. 잠자리에 누워도 잠이 쉽게 오지 않는다. 맥주 몇 잔이 수면을 도와준다고 생각한 게 잘못인가 보다. 오늘 하루를 곰곰이 생각해 본다. 불을 끄고 누운 선배도 나처럼 잠이 안 오는지 뒤척이는 소리가 들린다.

"자네, 벌써 자는가?"

"아뇨."

"처음 참석한 오늘 문학행사 어땠나?"

"너무 멋졌어요. 보람 있었습니다."

선배들과 속리산에서의 첫 만남은 멋진 추억으로 오래 기억될 것이다. 수필가로 등단했음이 축복임을 마음속 깊숙이 아로새긴 하루다. 옆방에선가 도란거리는 말소리가 작아지며 산속의 여름 밤도 풀벌레 소리 따라 깊어간다.

(2007. 8.)

남해안 여행길

폭염이 오늘로 며칠째다. 팔월 상순에야 무더운 날씨를 보이는데, 칠월 하순인데도 더위가 기승을 부린다. 상점의 얼음이 날개 돋친 듯 팔리고 있다는 소식이다.

남해안 여행길에 나섰다. 엠이(ME) 부부 다섯 쌍의 단체여행이다. 잠시 일상에서 벗어나 여유로운 마음으로 자연을 보고 느끼며 생활의 활력을 찾고 싶어서다.

집을 떠나면 고생하게 마련이지만, 낯선 곳에서 서로 친숙해지고 견문을 넓히고 다양한 체험을 맛보는 묘미는 그 무엇에도 비할 바 없는 즐거움이다. 한걸음 더 멀리 바라보면 마음에 풍요가 소리 없이 찾아온다. 숨 막히는 우리네 인생살이에 여행보다 더 좋은 청량제가 있으랴.

항구를 떠난 카페리는 완도를 향하여 푸른 바다를 질주하고 있다. 아침 바다가 잔잔한 호수 같다. 배의 흔들림을 느끼지 못할 정도다.

"멀미약은 괜히 산 것 같네."

승객들이 불평하듯 말한다. 얼굴만 봐도 여행객임을 알 수 있을 만큼 기대와 희망에 부푼 표정이다. 서로의 여정을 얘기하며 가벼운 웃음으로 인사를 나눈다.

단체인데다 선주와의 연고로 운 좋게도 2등 객실 중의 한 방을 전용하게 된 우리 일행은 항해시간의 무료함을 달래기 위해 '소화제消化劑'의 경연을 펼쳤다. 웃음꽃을 피우게 하는 그건 정말 신나는 웃음의 소화제笑話劑였다.

경연에 출품한 소화제의 질은 좋은지, 발표력은 뛰어나고 열정이 깃들어 있는지 등 심사항목 발표로 좌중을 제법 긴장시키면서 경연은 시작됐다. 해학과 위트가 넘치는 만담에서부터, 인터넷에 떠도는 야한 얘기도 총천연색으로 소개되어 배꼽을 잡고 웃었다. 웃음은 만병 특효약이라 했던가. 일행 중 누군가 엔도르핀이 너무 많이 나와 걱정이라고 해서 또 한바탕 웃었다. 소화제가 여행길에 요즘은 필수 지참물인가 싶다. 웃다보니 완도 부두에 도착했다는 선내방송이 들린다.

잠시 휴식을 취하고 난 후, 완도에서 여객선을 갈아타고 청산도에 도착한 건 오후 두시가 넘어서였다. 이 섬은 하늘과 바다와 산이 푸르다 해서 청산이라는 이름을 갖게 되었다고 한다. 자연 경관이 유별나게 아름다워 청산여수靑山麗水라고도 불린다. 다도해 해상국립공원으로 지정되어 관광객들의 발길이 끊이지 않고 있는 이곳의 인구는 삼천여 명에 이른다. 대부분 농어업에 종사하고 있으며, 인심 좋기로 소문이 자자한 곳이다. 배에서 내리자 바로 섬 구경에 나섰다.

이 섬은 사철 갯바위 낚시가 유명하고 주변에 고인돌 등 문화 유적도 많으며, 빼어난 자연경관은 사람들의 넋을 잃게 한다. 청산도 당리마을은 영화 〈서편제〉의 촬영지였고, 드라마 〈봄의 왈츠〉가 펼쳐진 곳이다. 산비탈 구들장 논도 인상적이다. 농토가 부족한 지역 농민들의 식량 자급 노력을 체험한 기분이다. 수려한 자연과 아름다운 포구, 눈앞에 펼쳐진 산과 푸른 바다! 포근한 청산에 묻힌 느낌이다.

우리 일행은 체험을 목적으로 한 단체여행이라 민박에 식사와 필요 물품은 현지에서 조달하기로 했다. 총무를 정하고, 남녀 두 팀으로 나눠 각 팀별로 한방에 합숙하기로 하였다. 경제적일 뿐만 아니라 안전한 여행을 위해서였다.

하루의 여정을 마치자 부두 횟집식당에 들러 저녁식사를 예약해 놓고, 정해진 도락포구 민박집에 도착한 건 저녁 일곱시경이었다.

"손님, 어서 오세요. 모든 걸 다 준비해 놓았어요."

주인아주머니가 인사하며 우리를 반갑게 맞는다. 첫인상이 무척이나 부드럽다. 각자 짐을 푼 후 간단히 목욕을 하고 나와 보니, 이게 어찌된 일인가. 주인이 저녁식사를 준비하고 있었다. 당황한 우리는 이미 다른 식당에 예약한 사실을 말씀드렸다.

"손님들은 식사를 언제나 저의 집에서 하기에, 시간 맞춰 준비했는데……."

아주머니는 황당해 하면서도 선선히 이해를 해줬다. 예상외로 주인의 넉넉함에 안도감이 들었지만 주인이 손해를 보게 된 건 우리에게도 책임이 있어 미안한 마음이었다.

이튿날 아침, 도락포구 산책에 나섰다. 산책길에 늘어선, 수령이 수백 년은 됨직한 소나무의 수형이 유난히 눈길을 끌었다. 만조滿潮로 넘실거리는 포구는 어머니의 품처럼 포근하고 넉넉하다. 코끝에 와 닿는 아침바다의 새벽공기도 상큼하다.

산책을 마치고 돌아오니 아침식사가 준비되어 있다. 민박집 주인이 마련한 식사가 입맛을 한층 돋운다. 맛을 보니 요리한 사람의 정성이 느껴진다. 숙식비를 좀 더 얹어 계산하려 해도, 주인은 다음에 손님이나 많이 소개해 달라며 손사래를 친다. 어제는 실수로 미안했는데, 오늘은 주인 정성에 더 감동이다. 말만 들었던 청산도의 후한 인심을 온몸으로 느낀 아침이다.

태양은 오늘도 뜨겁다. 강진만 해안을 따라 산해절경山海絕景과

문화재들을 찾아 나섰다. 청산도를 떠나, 완도에서 빌린 봉고차로 간 곳이 신라 말에 창건되었다는 백련사다. 고려와 조선시대에 많은 국사와 대사를 배출한 백련사는 만덕산을 뒤로하고 무성한 동백나무 군락을 끼고 있어 그 풍광이 빼어났다. 담장 옆에 꽃 핀 늙은 백일홍나무가 그늘을 드리워 여름더위를 식혀준다. 절 앞마당에서 바라보는 강진만 바다 풍경은 한 폭의 그림이라고나 할까.

백련사를 거쳐 강진 읍내에 있는 김영랑 시인의 생가에 이르니, '북의 소월, 남의 영랑'이란 말처럼 한 시대를 풍미한 시인의 향기가 아련하다. 시비詩碑 옆에서 〈모란이 피기까지는〉이라는 노래로 박수갈채를 받은 K여사는 추억거리를 만든 주인공으로 인기를 독차지하였다. 강진만 해변을 따라 바다 냄새를 맡으며 고려청자 박물관에 들렀다. 청자문화의 역사적 변천과정을 관람하고, 북쪽의 월출산 방향으로 차를 몰았다. 읍내를 거의 다 빠져나가는 중, 열 사람이 탑승한 차엔 에어컨이 시원치 않아 차창을 통해 내리쬐는 태양열과 체온으로 차 안은 숨이 막힐 지경이었다. 음료랑 식수, 간식 등을 준비했는데도 얼음은 바닥이 났다. 달리는 차 속에서 시원한 냉커피가 마시고 싶다고 야단들이다. 서슴없이 불만을 터트리는 분위기에 총무가 견디지 못하고 상점에서 얼음을 구해 올 수밖에.

어렵사리 조그마한 상점 하나를 찾아 차를 멈췄다. 얼음을 사러 간 총무는 소식이 없다. 한참 후에 돌아온 총무 손에는 겨우 얼음 몇 조각이 든 비닐봉지 하나뿐이었다. 겨우 그걸 사오느라 그렇게 시간이 걸렸는지 모두 의아해하였다.

늦게 된 사연은 이러했다. 상점 여주인에게 얼음을 팔라고 하자 다 팔려서 없다고 고개를 설레설레 흔들더란다. 실망한 총무가 고개를 푹 숙이고 돌아서는데 여주인이 가까이 다가오며 무슨 걱정되는 일이라도 있냐고 묻길래 여행길에서 생긴 일의 자초지종을 털어놓았단다. 그러자 여주인은 집에서 쓰는 얼음 몇 조각이 냉동실에 있는데, 그거라도 갖다 주겠다며 안채로 들어가서, 기다렸다가 그 얼음을 가지고 나오느라 늦었단다.

주인집 얼음을 몽땅 얻어 온 것이라며 총무는 얼음봉지를 들어올렸다. 간절히 원하면 이루어지는가. 사연을 들으니 코끝이 찡했다. 와~ 하고 감사의 환호가 차 안에 가득 찼다. 기승을 부리던 더위도 한풀꺾이는 듯하다.

얼음 몇 조각이지만 아낌없이 내어준 그 마음이 아름답다. 작은 정성이 큰 기쁨과 감동을 불러온 것이다. 이런 분들이 살맛나고 아름다운 세상을 만들어 가고 있다. 얼음을 넣은 냉커피 맛은 기막혔다. 주인의 정성이 녹아들어서 그럴까, 닫히고 무뎌졌던 내 마음도 열리는 듯하다.

아직도 태양은 뜨겁다. 하지만 커피 한잔을 마시고 나니 더위가 사라지고 생기가 솟는다. 여행길에서 만난 후한 인심이 마음속의 더위를 몰아낸 것이리라. 어느 인기가수의 유행하는 노래 가사가 떠오를 만큼 흐뭇한 여행이었다.

"으음, 알게 되지. 누가 뭐래도 사람이 꽃보다 아름다워."

(2007. 7.)

어머니의 자리

간밤 누가 내 어깨 고쳐 누이셨나
신이었는가
바람이었는가
아니면 창문 열고 먼 길 오신
나의 어머님이시었나
뜨락에 굵은 빗소리

— 이시영의 〈자취〉

창밖에 가을비가 억수같이 쏟아지는 밤이다. 이렇게 비가 쏟아지는 밤이면 나는 불현듯 오래전 이 세상을 떠나신 어머니가 그리워서 눈물이 난다. 울컥 목이 멘다.

그럴 때면 이시영 시인의 〈자취〉를 몇 번이고 소리 내어 읊는다. 시인은 세상 떠난 어머니를 그리워하며, 잠 못 이루는 밤에 이불을 걷어차며 엎치락뒤치락하다 겨우 잠이 들었는데 한밤중 뒤뜰에 내리는 굵은 빗소리에 화들짝 놀라 잠을 깨고서 자신도 모르게 돌아누울 때의 그 무심한 몸짓을 시로 노래하였다.

누구나 한밤중의 빗소리에 잠을 깨어 본 적이 있을 것이다. 어느 새벽 한두 시쯤 잠결에 듣는 빗소리는 분명 누군가의 자취 같다. 누구였을까? 신神이었을까, 바람이었을까. 아니면 세상 떠난 어머니의 영혼이었을까. 억지로 헤어진 어머니의 영혼이 이토록 깊은 밤에 온 우주를 헤매다가 빗소리를 타고 내려와, 내 잠재의식이 지니고 있는 깊고도 깊은 나의 중심축을 지나가고 있는 중인지도 모를 일이다.

초등학교 시절, 아버지가 돌아가신 후 어머니는 시골에서 농사일을 하면서 홀로 어린 자식 키우랴, 종손 집안 맏며느리로서 가문을 지켜 나가랴, 너무 힘든 삶을 사셨다. 이 땅의 모든 어머니가 그러하듯이 아무리 괴로워도, 아무리 가난해도 자식 앞에서는 전혀 그런 내색을 하지 않으시고 오로지 자식만을 위해 자기 인생을 오롯이 바쳐온 그런 어머니셨다.

"사람은 남과 더불어 살지 않으면 살지 못한다."

어머니와 함께 일할 때면 '이웃과 더불어 사는 삶'을 살도록 가르침을 주시고, 땀 흘려 일하는 노동의 소중함을 일깨워주셨다. 나는 중학교를 졸업할 때까지는 고향 시골에서 방학 때는 물론이고 시간이 나면 밭일도 종종 도와드리곤 하였다.

60년대 초에는 너나 없이 어려운 시절이었다. 우리 집도 예외는 아니었다. 당시 아들을 고등학교에 보낼 경제적인 가정 형편이 안 되는 상황에서도 어머니의 정성으로 나는 제주시에 있는 고등학교에 진학하게 되었다. 진학은 했지만 가정 형편이 어려워 어머니는 아들이 공부하는 시에 한번도 와 보신 적이 없었다. 어머니는 삯일을 하여 학비를 보내주면서도 항상 밝은 얼굴로 용기를 북돋아 주어 대학까지 진학하게 되었고, 나는 그런 어머니를 생각하면 용기와 힘이 생겼다. 힘들어하시는 어머니의 짐을 조금이나마 덜어드리려고 밤에는 나도 줄곧 학생지도 아르바이트를 하였다.

그런 어느 날, 학교에서 돌아와 보니 내 자취방 앞에 여인의 흰 고무신이 놓여 있었다. 깜짝 놀라 방문을 열어보니 시골에서 어머니가 와 계셨다. 가슴이 덜컹 내려앉으며 불길한 예감이 엄습하였다. "진찰 한번 받아보려고 큰 마음 먹고 집에서 기르던 돼지를 팔아서 왔다."라며 공부하는 아들을 찾아온 것이었다. 아무리 몸이 아파도 한번도 아프다고 한 적이 없었던 어머니이지 않은가. 책상 옆에 헌 보자기 꾸러미를 가리키시며 "하나 먹어 보렴." 하여 펼쳐보니 삶은 달걀이었다. 그렇게 아프셔도 보자기에는 아들에게 주려고 삶은 달걀을 먼 길까지 가지고 오신 것이었다.

"아무렇지도 않을 터이니 염려 마셔요. 내일 진찰받으러 병원에 저랑 같이 가요. 진찰받으면 병원장님이 걱정 말라고 하실 겁니다."

내가 할 수 있는 위로의 말이라고는 고작 이것뿐이었다. 그날 밤은 밤새도록 잠이 오지 않았다. 어머니도 주무시지 않은 것 같았다.

다음날 아침, 어머니를 모시고 병원에 가서 진찰을 받았다. 결과는 사형선고와도 같았다. 위암말기 판정이었다. 참으로 청천벽력과도 같은 일이었다. 온 세상이 깜깜해오며 쓰러질 것 같았다.

그 후 몇 개월도 못 사시고 1970년 어머니는 한 많은 이 세상을 떠나셨다.

그때 내 나이 스물둘이었다. 장례 치르기 전날, 문상 온 조문객들을 맞이하다가 나는 졸도하였다. 나중에 들은 얘기이지만 나는 어머니의 영혼이 들려(신들려) 많은 이야기를 하였단다. 한참 후에 달려온 큰누나가 나의 귀에 입을 대고 귓속말로 어머니의 영혼을 위로해 주자 평온을 찾았는지 한 시간 동안이나 잠들었다가 깨어났다고 한다. 장례일에도 두 차례나 혼절하였다.

그 후에도 오랜 기간 동안 밤마다 꿈속에서도 어머니를 찾아 헤맸다. 어머니를 잃은 나는 그 충격으로 숱한 날들을 방황하였다. 너무나 큰 아픔이고 충격이었다. 어떻게 말로 다 표현할 수 있으랴.

이 세상에서 나를 가장 사랑한 여인. 혹독하리만큼 쪼들리는 가난 속에서도 아들만을 위하며 아들 하나 믿고 살아온 여인, 나의 어머니! 호강 한번 못해보고 고생만 하시다가 세상 떠난 어머니를 생각하면 지금도 목이 메고 눈물이 앞을 가린다.

오늘 밤은 어머니를 꿈속에서라도 뵈올 수 있을는지.

(2006. 9.)

제2부

고향 포구에서

서울에서 온 소포

오늘따라 초인종 소리가 정겹다. 아니나 다를까 집배원이 전해주는 반가운 선물이다. 서울에서 후배가 보내 온 소포였다. 뜯어보니 최근 베스트셀러인 수필집이라 그리던 벗을 만난 듯하다. 며칠 후 고향을 방문한다는 메모도 들어 있다. 얼마 전에도 〈세한도歲寒圖〉 영인본을 보내 왔었다. 퇴직한 선배의 적적한 마음을 위로하기 위해 보낸 것이리라.

한두 번이 아닌 그 정성이 너무도 고맙게 느껴진다. 직장 초년생 시절에 같이 근무했던 내가 좋아하는 후배인데, 지금은 중앙본부 국장으로 근무하고 있다. 직장 후배가 보내온 소포를 보니 새삼 그 시절에 겪었던 사건이 아련히 떠오른다.

내 나이 25세 되던 해 봄, 주변 사람들의 기대와 부러움 속에 군 농협 지도부에 근무발령을 받아 고참직원들이 담당하는 어려운 지도업무를 맡게 되었다. 직장생활은 학교시절에 생각했던 것보다 훨씬 어려움이 많았다. 처음엔 업무능력과 경험 부족으로 일 처리하는 데 갈팡질팡하여 꾸지람을 들으며 일을 하나하나 배워나갔다.

그해 가을, 우리 부서에 직원 한 사람이 증원, 배치되어 왔다. 실력도 뛰어나고 멋진 친구였다. 내 담당업무도 가벼워졌고, 더구나 서로 위로해 줄 수 있는 후배동료까지 생긴 것이다. 마음이 날아갈 듯 홀가분한 기분이었다. 얼마 후 섣달에 접어들었다. 연말결산 법인이라 12월은 엄청나게 바쁜 달이다. 전직원이 총동원되는 자금회수는 중요하고도 힘든 업무였다. 한 해 동안에 융자해 준 돈을 농산물 수확 판매시기에 맞춰 회수해야 결산이 된다.

지도부서에 근무하는 나도 자금회수에 임해야 했다. 관내에서 제일 여건이 어렵다는 마을을 담당하게 되었다. 다행스럽게도 그 후배는 내가 맡은 마을의 인근을 담당하였다. 휴일 없이 토요일, 일요일은 자금회수 출장을 나갔다. 자가용을 구경하기 어려웠던 시절이어서 출장 때는 걸어서 돌아다녔다. 우리는 함께 농가를 방문하며 서로 격려하고 도와주었다. 출장 시에는 주판, 자금회수부, 약인略印이 찍힌 영수증(가영수증)을 가지고 다녔다.

자금을 회수하면 가영수증을 고객에게 드리고, 1부는 정산용으로 보관한다. 회수한 자금은 출장 다음날인 월요일 중으로 입금시켜 정리해야 한다.

어느 월요일 아침, 일찍 출근하여 회수한 자금을 입금정리하려고 장부를 찾았다. 그런데 어찌 된 일인지 가영수증 철綴이 없어진 것이다. 하늘이 노랗게 보이며 쓰러질 것 같았다. 그 시절에는 이것을 분실하면 사고 처리되고 직장에서 쫓겨나는 경우가 허다했다. 금융기관에서는 백지 자기앞수표처럼 가영수증은 중요용지로 관리했다. 분실 자체만으로도 돈을 받아 횡령이나 유용했다고 의심을 받았다. 신용을 생명으로 여기는 금융기관에서는 이런 직원을 사고위험 1호로 주목하고 부적격자로 판단하여 징계조치한다.

사무실은 비상이 걸렸다. 겨울 날씨만큼이나 분위기가 싸늘하게 얼어붙었다. 견디기 어려운 차가운 눈총이 나에게 쏟아졌다. 전무의 엄명嚴命이 떨어졌다.

"며칠 동안 기회를 줄 테니 분실된 가영수증을 꼭 찾아와라."

사무실을 나서는 발걸음이 천근만근 무거웠다. 그 후배는 제 일처럼 앞장서 함께 나섰다. 그에게서 농협 직원들의 농심農心 같은 순수함과 따뜻한 인간성을 느낄 수 있었다. 둘이서 주말에 다녔던 농가는 물론 골목길과 밭길과 들길 할 것 없이 찾았다. 눈보라치는 날씨에도 마을 구석구석을 다 찾아다녔지만 허탕만

쳤다.

밤에 집에 돌아와 잠자리에 누워도 잠이 잘 오지 않았다. 눈을 감으면 가영수증이 선히 떠올라서 벌떡 일어나면 깜깜한 어둠이었다. 다시 눈을 감은 채로 그 날 하루 동안 다녔던 길을 꼼꼼히 찾아다니며 혹시나 빠뜨린 곳이 없는지를 확인해 보곤 했다. 업무도 팽개친 채 둘이서 일주일 동안 현지를 돌아다니며 찾았으나 헛수고였다. 눈보라 몰아치는 겨울이라 길 위에 떨어져 눈 속에 묻혀 버렸을지도 모를 일이다.

기진맥진한 나는 찾는 걸 결국 포기하였다. 그 후배는 나를 보며 무척이나 안쓰러워하였다. 징계위원회에 회부되어 처분만 기다릴 수밖에 없었다. 사무실에서는 다른 직원들을 동원하여 내가 담당한 마을의 융자금 미회수 농가를 상대로 확인에 나섰다. 확인한 결과, 회수 자금에는 털끝만치도 아무 이상이 없었다.

나중에 문제가 생기면 모든 책임을 지기로 각서를 쓴 후 '주의조치'를 받고 이 사건은 마무리되었다. 중징계조치를 받는 건 불가피할 것이라고 걱정하던 동료들도 자기 일처럼 기뻐하였다. 그 후배가 결정적인 참고의견을 진술해주어서였다.

"결코 고객이나 회사 돈을 횡령 또는 유용하거나 편취할 분이 아니다."

직원이 이런 진술을 한다는 것이 당시에는 쉽지 않은 일이었다. 마음속 깊이 각인될 만큼 큰 감동을 준 충격적인 증언이었다. 후배동료가 나의 신용을 확실하게 보증해 준 것이다. 직원들이 다른 눈으로 보기 시작했다. 나를 위로해주며 훌륭한 후배를 두었다고 부러워하였다. 나는 입술을 굳게 다물고 주먹을 불끈 쥐었다. 믿음과 신뢰를 준 그 후배의 기대에 어긋나지 않은 선배가 되겠노라고 다짐했다. 새롭게 다시 태어난 기분이었다.

직장생활을 마감하고 퇴직한 지도 몇 년이 지났다. 선물받은 수필집을 펼치면서 그의 넉넉한 얼굴을 떠올린다. 미안한 마음과 고마운 마음으로 얼룩진 내 침묵도 펼쳐든 책장 위로 여울진다. 그에게 비치는 내 모습은 과연 어떤 모습일까 궁금하다. 그 시절 다짐했던 각오만큼 훌륭한 선배 노릇을 제대로 하였는지. 그런 것 같지 않다. 얼굴을 쓰다듬어 본다. 미안한 마음으로 꺼칠꺼칠한 피부가 손에 잡힐 뿐이다. 그래도 그 얼굴 잊지 않고 종종 소식을 보내주는 후배가 있어 외롭지 않다. 그가 고향에 오면 술 한잔 나누며 부끄러운 속마음을 털어놓고 싶다.

아픔과 애증愛憎도 지나고 보면 그리워지는 게 인지상정인가 보다.

(2007. 4.)

그 등산길에서

산을 찾는다. 일상에서 벗어나고 싶을 때 더 더욱 산을 찾는다. 산길을 걸으며 자연과 무언의 대화를 나누는 동안, 새로워지는 나를 만나게 된다. 무엇보다 산이 품고 있는 넉넉함에서 배려와 인내를 배운다. 특히 겨울 산이 그렇다. 겨울 나무처럼 빈 마음이 되면 산의 소리를 듣는다. 그 비워냄을 닮으려 설원雪原을 찾아 그리운 벗 찾아가듯 오늘도 집을 나선다.

설화雪花를 피워낸 한라산 어리목 등산길이다. 세상이 온통 눈으로 덮였다. 연일 휘몰아치던 눈보라는 잠시 숨을 고르고 있는지 요즘들어 보기 드문 포근한 맑은 날씨다. 계곡엔 산안개가 자욱하다. 숲 속에는 나무들이 눈을 잔뜩 짊어져 무척 버거운 듯 축 늘어져 있다. 봄을 기다리며 인내심을 갖고 버티고 있으리라. 눈 쌓인 숲 비탈길을 힘들게 오르노라 겨울인데도 땀은 속옷을 적시고 숨도 턱까지 닿는다.

어리목 숲을 벗어나 사제비동산에 오르자, 시야가 확 트이며 햇살이 눈을 부시게 한다. 한라산 전경이 눈앞으로 성큼 달려든다. 설경이 황홀하다. 땀을 훔치고 나서 양팔을 벌린 채 벌렁 눈 위로 드러누웠다.

"아이고, 세상에! 눈 위에 저렇게!"

누군가 탄성을 지른다. 나를 따라 햇살도 내 위에 이불처럼 펼쳐진다. 눈 덮인 산과 햇살 눈부신 하늘, 그 속에 내가 있다. 하늘이 유난히 파랗다. 가을하늘보다 더 투명한 코발트색 하늘빛이다. 눈雪의 감촉은 나를 유혹하듯 왜 그리 쌀쌀맞고 부드러운지. 전혀 다른 세상에 온 듯하다.

사람들이 걸어간 눈길을 따라 걷고 있다. 옮기는 발길마다 뽀드득 뽀드득 뒤따르는 발걸음 소리가 겨울 등산 맛을 한껏 돋운다. 반사되는 햇살에 눈이 따갑다. 어제까지 연일 내린 폭설로 사방은 눈 덮인 산야일 뿐, 온 세상이 눈 속에 잠겨 있는 듯하다. 쌓인 눈이 엄청나다. 등산지팡이를 눈 속으로 찔러 넣어도 끝이 안 닿는다. 발을 헛디뎌 눈길 옆으로 빠지니 눈이 허리 위로 차오른다.

설원의 비탈진 등산길 중간쯤이다. 이게 어찌된 일일까. 숨을 헐떡이며 오르는데, 길 옆 표지석標識石이 또렷이 보인다. 해발 1,500고지임을 알려주는 표지가 새겨진 높이가 1m도 안 되는 직사각형 모양의 자연석이다. 만상이 눈에 묻혔는데, 홀로 파묻히지 않고 눈 웅덩이 한가운데에 우뚝 서 있는 게 아닌가. 폭설에도 조난에 대비하라고 그 위치를 알려주는 본연의 임무를 다하고 있는 거다. 그 밑까지 둥그렇게 눈 웅덩이를 만든 건 누구일까. 지난밤 칼바람을 타고 신神의 손길이 스쳐갔을까. 그 표지석의 둘레를 빙글 돌면서 말이다. 자연의 신비가 경이롭다.

만세동산에 다다랐다. 심호흡을 하며 올라온 길을 내려다본다. 아래쪽 산언덕 너머로 보이는 게 바다인지 하늘인지 분간할 수조차 없다. 저 멀리 구름 떠다니는 아랫마을은 한 폭의 그림이다. 하얀 눈으로 그려낸 오름 능선은 봉긋한 처녀 젖가슴을 본뜬 부드러운 곡선 같다. 간밤 눈보라가 휩쓸고 간 산야는 아가씨의 피부처럼 곱고 매끈하다. 마음에 찾아드는 이 평온을 어찌 다 형언할 수 있으랴.

한 줄기 세찬 바람이 홀연히 휘몰아친다. 어느 계곡에서 갑작스레 나타났을까. 고요한 설원의 잠자는 백설을 깨우고는 산 언덕 아래로 은빛가루로 날려 보낸다. 봄날 벚꽃 잎처럼 분분히 흩날리는 게 환상적이다.

만세동산을 넘어서니, 등산길 옆 계곡의 나무들이 눈을 뒤집어쓴 모습이 기이하다. 장군모를 쓰고 흰 털옷을 입은 대장군이 있는가 하면, 아기를 안고 있는 엄마 형상도 있다. 큰 바위 얼굴 같은 형상은 잘도 닮았다. 나무의 모습은 간곳없고, 그 형상이 가지가지다. 나무 꼭대기에 앉은 이름 모를 새는 무슨 생각을 저리 골똘히 하고 있을까. 노루는 눈이 깊기 전, 아랫동네로 나들이간 지 오랜 듯하다.

눈길 따라 산을 계속 오른다. 약간 오르막일 뿐, 가파르지 않은 등산길이다. 등산객들이 일렬로 산을 오르는 모습이 멀리서도 아름답다. 눈 덮인 산야에서는 마음이 깨끗하고 넉넉해져 그럴까. 만나는 사람들도 반갑다. 산을 내려오는 여인들과 좁은 눈길에서 황당하게도 몸이 심하게 부딪쳤다.

"죄송합니다. 본의 아니게……."

"뭘요, 세상 살아가는 게 서로 부딪히며 사는 거죠 뭐."

여인네들이 깔깔거리며 웃는다. 젊은 여인네의 체취가 코끝을 자극한다. 햇살에 그을릴까봐 얼굴을 가렸지만, 산의 넉넉함을 아는 멋진 여인들이다. 가볍게 건네는 그 말의 의미를 되씹어 본다. 그래, 세상사 모두가 부딪히며 살아가는 거다. 그 속에서 서로 배려하며 더불어 사는 것은 얼마나 아름다운 삶인가. 그 여인네들의 웃음소리 또한 넉넉하고 여유롭다. 멀리서 산 까마귀들이 웃음소리를 들었는지 사람 가까이로 날아든다. 겨울 햇살처럼 우리를 반기고 있다.

온 산야가 하얗고도 하얗다. 영욕榮辱의 때가 묻지 않은 순수純

粹, 그 자체의 본색이 저럴까. 아직은 산길이 멀다. 옮기는 발자국마다 무거운 짐을 하나씩 내려놓는 기분이다. 겨울 산이 속세에서 오염된 마음을 비우라고 타이르는 듯싶다.

산이 좋아 산을 찾는다. 온갖 풍상에도 흔들림 없는 산이다. 산은 바라만 봐도 반갑다. 아쉬움이 남았는지 산이 나의 시선을 붙들고 놔주지 않는다. 산은 대자연의 신비와 아름다움을 품에 안고 억겁億劫의 세월을 사는 걸까. 그를 찾는 이들에게 철 따라 싱싱한 자연미와 넉넉함을 선물한다. 언제나 푸근하다. 할머니의 인정처럼.

(2008. 2.)

매화꽃 피었네

반가운 손님이 창문을 노크한다. 무던히도 기다렸던 탓에 창문을 여는 손길이 분주하다. 계절을 잊은 듯 늦은 인사로 땅거미가 진 창밖에 함박눈이 살갑게 나부끼고 있다. 며칠이 지나면 입춘인데, 오는 봄을 시샘하는 걸까. 오늘 밤은 그냥 지나갈 것 같지 않다. 눈 덮인 '한라 수목원' 오름 위의 설경이 눈앞에 떠올라 벌써부터 마음이 어린아이처럼 설렌다.

올겨울에는 작년만큼 눈이 오지 않았다. 무척이나 안타까운 나는 동심의 세계에서 친구들과 눈 덮인 고향 들판을 마냥 뛰노는 꿈도 꾸곤 했다. 그 꿈을 실현시켜 줄 듯이 눈이 내리고 있다. 설렘에 잠 못 이루는 겨울 밤이다.

평소보다 일찍 잠이 깼다. 나뭇가지 사이로 해가 떠오르자 구름도 눈부시게 밝아 더없이 포근한 아침이다. 인적이 없는 수목원 산책로에 들어서니 이곳 터줏대감들이 다 보인다. 노루 세 마리가 사람의 기척에 후닥닥 달아난다. 까치와 꿩과 비둘기들은 예전처럼 전혀 놀라는 기척이 없다. 사철나무 숲 속에서 재잘거리는 새 소리는 나를 환영하는 노랫소리 같다.

오름 정상에 오르니 인적이 없다. 반짝이는 아침 햇살이 곱게 내리비치는 맑은 하늘 아래 저 멀리 눈 덮인 한라산이 보인다. 참으로 장관이다. 쌓인 눈은 늦은 봄까지 한라산을 은빛 설경으로 수놓으리라. 영주십경瀛洲十景 중에 그 하나로 녹담만설鹿潭晩雪을 우선 꼽아왔음직도 하다. 오늘 설경이 왠지 더 아름다워 보인다. 지난밤의 설렘 때문일까. 눈앞에 펼쳐진 아름다운 설경에 빠져 넋 잃은 사람처럼 우두커니 혼자 서 있었다.

얼마 지난 후, 오를 때와는 다른 쪽 길로 내려오기 시작했다. 산은 오를 때보다 내려갈 때에 조심해야 한다. 눈길이 무척 미끄럽다. 공직에서 물러날 때의 뒷모습처럼 조심조심 내려오다 보니, 큰 소나무 서쪽으로 매화나무가 있는 '잔디 광장'이 보인다. 퍼뜩 부산에 사는 친구 생각이 났다. 매화꽃을 좋아하는, 내가 존경하고 늘 그리워하는 친구다. 눈 내린 이 겨울, 지금 매화꽃이 피었을까? 매화꽃 향기 따라가듯 그 곳으로 발길을 돌렸다.

하아! 꽃망울을 터뜨리고 2월 초순 매화꽃이 눈꽃송이처럼 피어 있다.

한겨울 눈 쌓인 수목원 야산이다. '잔디 광장'에 몇 년생인지는 알 수 없으나 4m 정도의 높이에, 밑동이 굵은 꽤 오래된 매화나무 세 그루가 있다. 그 매화나무에 매화꽃이 벌써 자태를 드러낸 것이다. 추위와 싸우며 수많은 고통의 시간을 참고 견디어 피어난 꽃이라서일까. 햇살에 반짝거리는 매화꽃이 청순하고 고고하다.

좀 떨어진 곳에서 한참을 바라보다 가까이 다가갔다. 심호흡을 하고 냄새를 맡았다. 매화 향기가 코끝을 자극한다. 눈 덮인 산야이니 다른 냄새가 섞일 수 없어 더욱 향기롭다. 이 겨울 추위에 제일 먼저 핀 매화꽃이다.

오래전부터 성현 군자나 선비들이 '매화는 고결하고, 지조 높은 기개가 있다.' 하여 묵매화墨梅畵를 많이 그렸다. '매화는 추위를 이기고 꽃을 피운다.' 하여 불굴의 선비정신을 상징하는 것으로 보았다. 그래서 매화는 예로부터 사군자의 하나로 사랑을 많이 받았던 꽃이다. 매란국죽梅蘭菊竹, 사군자 중에 첫째가 매화임을 알 만도 하다.

매화 향기를 가슴에 가득 품고 집에 돌아오니 아내가 웃으며 나를 반긴다.

"눈 쌓인 수목원 아침 좋았나요?"

집안에도 매화 향기가 그윽하다. 이 향기를 부산에 있는 친구에게 보내려고 컴퓨터 앞에 앉아 메일을 열었다. 와! 그 친구의 반가운 편지가 먼저 도착해 있다. 그는 산행을 좋아하는 멋진 친구다. 눈이 하얗게 내린 어느 날, 덕유산 산장에서 어느 노부부의 정겨운 모습을 보며 적어 보낸 '겨울에 핀 매화꽃'이라고 쓴 글이다.

사방이 백설로 덮여 있는 고즈넉한 덕유산 산장이다. 잔잔한 음악이 분위기를 조성하는 곳. 한 번씩 침체된 삶의 의욕을 충족시키려 들른다.

하얀 세상을 바라본다. 그날도 여느 때와 다름없이 음악은 흐르고, 마음은 애잔한 음률을 따라 순백의 세계로 유영한다.

그날 저녁 레스토랑이 환하게 밝아졌다. 머리엔 하얀 백설이 내린 두 노인이 들어왔다. 메뉴판을 펼치며 서로에게 묻는다.

"임자는 연한 것 드시게. 나는 아무것이나 잘 먹으니까."

마주보며 정겨움을 나누는 노부부. 다소곳이 앉아 요리를 들고 있다.

전생에 어떤 인연이었기에 저리도 고울까. 음식을 입에 넣어주는 얼굴에는 한겨울 매화꽃이 활짝 피었다. 매화 향기가 레스토랑을 매료한다. 함께 머무는 공간에서 모두 그 향기에 흠뻑 취해 있다.

"임자는 아이스크림 드시게. 나는 커피 먹어야 쓰겠소."

햐! 행복하다. 두 분을 보는 내가 참으로 행복하다. 한 폭의 수채화를 보는 것 같다. 핸드폰을 꺼냈지만, 두 분의 행복을 깨뜨릴까 봐 조심스럽고 아까워 주저했다. 나도 매화꽃을 피울 수 있을까. 매화 향기를 피워내는 고운 노인이 될 수 있을까. 주변 시선 끝이 두 당신에게 달려들지만 아랑곳하지 않는 표정. 고락을 함께해온 노부부의 평온한 삶이 보인다.

그는 겨울이 오면 테마 산행을 즐긴다고 한다. 한겨울에도 매화꽃을 피울 수 있는 사람이 되고 싶어 하는 그 친구가 보인다. 매화꽃 향기에 흠뻑 취한 오늘, 꽃소식과 함께 실어 보낸 그리움이 더욱 향기롭다. 인생을 춥게 살아도 매화처럼 향기를 피워내어 누군가를 행복하게 할 수 있는 그런 사람이면 싶다.

저 멀리에 보이지 않는 어느 한 분이 있어, 나에게 무엇인가 일깨워주는 듯하다. 오로지 감사하는 마음뿐이다.

눈을 살포시 감는다. 따스한 햇볕이 밤새 내린 눈을 녹아내리는지 흐르는 맑은 물소리가 창밖에서 들려온다. 봄이 문턱에서 서성거리고 있는가 보다.

(2007. 2.)

머귀나무 궤

조상의 손때가 묻은 궤를 만지며 생각에 잠긴다. 며느리를 아꼈던 시아버지의 사랑이 담긴 어머니의 유품이랄까, 높이가 두 자도 안 되는 자그만 머귀나무 궤지만 내가 소중히 여기는 물건이다. 처음엔 옻칠을 했을 터인데 지금은 거의 원색이다. 유품에는 그 시대의 시류時流가 반영된 멋이 남아있게 마련이다. 세월의 흔적만큼이나 둔탁해 보여도 자세히 살펴보면, 본래의 멋과 색깔로 돌아온 듯해 더욱 정감이 든다. 우리 집 자산 1호라 불린다.

몇 해 전이다. 평생 안주할 나의 집을 지으면서 오래전부터 바라던, 나만의 방을 하나 마련했다. 옥상에 있는 옥탑방인 내

다락방엔 그 궤가 한 구석을 차지하고 있다. 혼자이고 싶을 때면 서재로 활용하는 이 방을 곧잘 찾는다. 나의 전용 공간이 생긴 이후로 사색을 즐기는 여유도 꽤 많아진 것이다. 이 방에선 계절 따라 변하는 한라산 전경이 아름답다. 여름이면 집 앞 숲 속에서 울어대는 매미 소리가 요란스레 들린다. 그럴 땐 옛 고향집이 더욱 그리워진다.

고향집엔 내 어릴 적부터 마당 구석진 곳에 큰 머귀나무가 있었다. 지루한 장마가 걷히고 방학이 시작되면 매미들이 이 나무에서 여름 내내 울어댔다. 머귀나무는 가지에 가시가 촘촘하게 나 있다. 그 잎은 깃털 모양의 겹잎이고, 가장자리에는 톱니가 있다. 가시가 있기 때문에 애들이 접근을 안해서인지, 나뭇가지 색상이 보호색이어서인지 매미들이 머귀나무로 곧잘 몰려든다. 매미는 애벌레로 땅속에서 몇 년을 살다가 지상으로 나와 겨우 7~8일을 살고서 생을 마감한다. 머귀나무는 그게 너무 안타까워 보호막이 되어주는 것일 게다. 머귀나무의 배려와 사랑을 매미도 느낄까. 한여름 신나게 울어대는 매미 소리는 어쩌면 너무나 짧은 생애에 대한 사랑노래이리라.

머귀나무는 8월에 황백색 꽃을 피우며, 잎은 감기와 학질 등의 약재로도 쓰이는 유용한 나무다. 가지는 질기고 단단해 잘 꺾이지 않기에 망치자루나 호미와 낫자루 따위의 가사나 농사용구에 쓰인다. 밭갈이 소나 말의 멍에로도 이 머귀나무 가지를 많이 사용한다. 가시가 있어도 사랑을 받는 나무다.

머귀나무가 있는 나의 고향집은 오래된 초가집이다. 아버지는 공직생활을 하면서 주로 객지에 살아서 어머니가 고향에서 혼자 사는 할아버지를 모셔야 했다. 힘이 장사이고 억센 할아버지는 농사일은 물론 목수일도 하였다. 일제시대, 아버지는 형편이 어려운 집안을 도와 할아버지 나이 이순耳順에야 새 집을 지었다. '물동산집'이라고 부르는 고향집은 안채, 바깥채 등 초가삼간이지만 집이 세 채였다. 집을 지으니 "이젠 제법 종갓집 구색을 갖췄다." 하며 집안 친족들도 좋아하였다.

할아버지는 가시가 촘촘한 머귀나무의 사연을 알고 있었을까. 며느리의 삶이 안쓰러워 보였으리라. 이 집을 지으면서 머귀나무로 자그마한 궤를 만들어 며느리인 어머니에게 주었다. 집 신축 선물이었다. 어머니의 기쁨이 얼마나 컸을 것인가. 그 궤를 살림방 시렁에 두고 애지중지하였다. 소중한 족보나 혼서, 조상들 기록문서랑 귀한 옷을 두는 장롱이요, 지난날 삶의 흔적을 보관하는 금고였다.

할아버지가 세상을 뜨시고 아버지도 일찍 돌아가시자 올망졸망한 어린 자식들뿐, 어머니는 당신 혼자였다. 힘든 일을 홀로 감당하며 억척스레 살아야만 했다. 오죽이나 괴로웠으랴. 종갓집 며느리 역할 또한 힘들었으리라. 한 많은 그 세월의 굴곡을 어떻게 넘기고 살았을까.

어머니는 힘든 밭일을 하고 집에 와서도 그 궤만 보면 얼굴을 활짝 펴셨다. 당신의 그런 힘은 어디서 솟아나는 것이었는지? 그 힘의 원천을 어린 나는 도무지 알 수가 없었다. 자식들은 궤를 함부로 열어보지 않았다. 어머니의 전유물이었기 때문이다. '궤 속에는 무엇이 들어있나?' 하고 나는 늘 궁금했다.

흘러간 세월의 흔적 그 자체가 당신에겐 큰 힘이었다. 가끔 지나가는 말씀이었지만, 저 세상에 가서 만날 그분들을 생각만 하면 없던 힘이 절로 솟아난다는 깊은 뜻을 당신이 돌아가실 때에야 비로소 알았다. 그 궤 속엔 저 세상 갈 적에 입을 수의壽衣까지 준비해 두고 있었다는 것을 짐작이나 했겠는가. 모친이 돌아가면 상례喪禮 관습에 따라 머귀나무 가지를 잘라내서 상주가 방장지팡이로 짚는다는 것을 안 것도 그때였다. 머귀나무에 가시가 촘촘하듯 어머니의 자식 사랑과 잔정이 그러하기에, 그 사랑과 정을 기리는 뜻에서란다.

어머니가 돌아가신 후 나는 직장생활을 하며 오랫동안 떠돌이 셋방살이를 하였다. 내가 결혼하자 그 궤를 보관하고 있던 누나는 어머니가 남기신 말씀을 전하며 목이 메여, 울먹이면서 말끝을 맺지 못했었다.

"남겨줄 거라곤 아무것도 없는데, 훗날 막내가 장가가면 필요할 테니……."

할아버지가 선물해 준 궤를 나중에 막내며느리에게 주고 싶었는가 보다. 내 아내는 그 궤를 받고 소중한 선물이라며 무척 기뻐하였다. 가난한 종갓집에서 홀로 살아온 시어머니의 고초를 알 것 같다며, 유품인 머귀나무 궤를 보물처럼 간직하고 있다. 옛 기록문서나 족보와 집안 귀중품은 그 궤가 독차지하는 셈이다. 이사 때마다 옮겨 다니다 이제는 나의 서재인 다락방에 안주하고 있다.

혼자이고 싶을 땐 다락방을 찾는다. 나만의 공간에서 사색에 잠길 때면, 무언의 소리가 궤에서 들리는 듯하다. 집안을 잘 돌보고 있는지, 형제간에 혈육의 정을 나누며 더불어 살아가고 있는지 내게 묻는 소리다. 인정머리 없고 속이 좁아 죄인인 양 고개를 못 들고 쩔쩔매는 그 사람은 누구인가. 숨김없이 드러나는 부끄러운 내 모습이 아닐까. 얼굴이 붉혀지며 옷깃을 여미게 한다.

다락방은 궤가 있어 포근하고 훈훈하다. 궤 앞에 앉으면 조상들의 숨결과 사랑을 느낀다. 자그만 궤를 조심스레 쓰다듬어본다. 어머니 체온 같은 따스함이 온몸으로 번진다. 억척스런 그 삶의 모습이 후손에게 귀감龜鑑으로 다가온다. 이 궤를 후대에 물려줄 생각을 하니, 조상의 얼이 담긴 유물이라 더 소중하게 여겨진다.

머귀나무 있는 고향집이 그립다. 저 멀리서 매미 소리가 들려오는 듯하다.

(2008. 4.)

고향 포구에서

쫄깃한 회 맛이 입 안을 감친다. 술잔 따라 분위기도 얼큰하다. 안주가 좋으면 술맛에 취하고 분위기에 취하게 마련인가. 시원한 바닷바람과 함께 어우러진 풍경에 취해 젓가락장단에 맞춘 생음악으로 어느새 천막 안이 뜨겁다.

고향마을 선배 초청으로 마을 원로들과 향우회원 여럿이 함께 어울렸다. 마을의 역사지歷史誌를 발간한 후, 그때 함께 참여했던 선후배가 만난 것이 얼마 만인가. 천막 안 분위기가 반가움에 화기애애하다. 이장里長을 지낸 그 선배가 재임 동안에 마을의 역사를 정리해냈다는 흐뭇함과 선후배의 수고로움에 대한 감사의 마음으로 마련한 자리다. 따가운 햇살도 아랑곳없이 천막 밖에서는 윷놀이 판까지 벌어져 '큰개' 포구가 꽤 들썩거리고 있다.

큰개는 내 고향 서귀포시 성산읍 신풍리 포구를 통칭한다. 샛바람에 바다물결이 일렁이고 있다. 주어코지와 검은데기로 둘러쳐진 천혜의 포구, 큰개는 서쪽 용머리까지로 이어지는 해안절경이 한눈에 들어와 예전처럼 다정하게 안긴다. 때마침 물때도 시각이 맞아 만조滿潮인 포구가 더 아름답다.

고향마을은 상동이 산간 쪽이고 하동이 바다 동네다. 상하동간은 4km 남짓 떨어져 있어 제법 멀다. 마을 주민들은 대부분 상동에 살아도 하동은 바다가 넓어, 예전부터 주민생업이 반농반어半農半漁이다. 풍요로운 바다의 해산물은 상당한 소득원이다. 어로작업이 발달하면서 전복, 넙치 등 양식업도 요즘 성업이라고 한다.

어린 시절, 주말이면 가끔 상동에서 먼 길을 걸어 이곳 큰개 포구를 즐겨 찾았다. 확 트인 바다는 언제 봐도 좋았다. 앞바다엔 먹잇감이 풍부해서일까. 포구엔 해초도 넘실거려 해산물이 풍부하고 고기도 많이 잡혔다.

해산물은 밥상 위에 단골이었다. 고소한 반찬이요, 먹을거리였다. 더구나 해녀가 있는 집에서는 미역이나 소라 전복이 곧 현금소득으로 살림 밑천에 한몫 했다. 우리는 갯가에서 우럭도 낚고 보말과 소라 성게도 잡았다. 톳이나 미역을 바구니 가득 채취하고는 마냥 좋아하곤 했다. 어른들은 해산물이나 고기를 많이 잡으면 우리에게 나눠도 주고, 옆집에도 선물했다. 싱싱한 해산물로 식탁을 차리면 밥맛이 그만이었다. 훈훈한 인심이 입맛을 더 돋우었으리라. 지금도 그 맛은 잊을 수가 없다.

"저것 봐. 앞바다에 돌고래 떼다. 햐, 장관이다. 배알로! 배알로!"

갑자기 천막 밖이 왁자지껄하다. 외치는 소리에 얼른 천막 밖으로 나왔다. 사람들이 가리키는 앞바다엔 그물 보러 나선 정치망어선이 두 척이나 보인다. 자세히 보니 배 너머로 돌고래 떼가 물살을 가르듯 지나가고 있다. 바람을 거슬러 동쪽을 향하여 자맥질하며 이동 중이다. 그 뒤로 하얀 물결이 파도처럼 뒤따르고 있다.

고향 앞바다는 예전부터 돌고래가 종종 출현하는 곳이다. 몇십 마리 또는 수백 마리가 무리를 지어 나타난다. 지나가는 배를 따르거나 곁에서 뛰어오르기도 하고 뱃머리에 이는 파도를 타기도 한다.

어릴 적에도 돌고래 떼들이 이 앞바다를 지날 때면 장관이었다. 사람들은 이 광경을 구경하며 '배알로!'라고 소리쳤다. '배알로'란 제주어로 '배 밑으로'란 뜻이다. 그물로 작업하는 어부들이나 잠수하는 해녀들에게 돌고래 떼의 출현을 알림과 동시에, 돌고래에게 사고를 일으키지 말고 배 밑으로 제발 무사히 지나가 달라는 주문이다. 돌고래와 인간이 자연의 바다에서 함께 어울려 사는 모습이 아닌가. 돌고래 떼를 보니 얼마 전 동영상으로 본 감동의 뉴스거리가 떠올랐다.

지난 6월 어느 날 오후, 동해안의 경주와 울산 중간 지점 앞 해상에서의 일이다. 고래 탐사에 나선 국립수산과학원 탐사선 레이더에 검푸른 바닷물이 하얗게 변하는 현상이 포착됐다. 수백 마리의 참돌고래 떼가 자맥질을 하며 물을 튀기고 있었다. 그런데 어떤 한 무리는 그곳에서 맴돌며 떠나질 않는 거였다.

탐사선이 그 앞까지 다가가도 몸길이 3m쯤 되는 참돌고래 한 마리가 허연 배를 뒤집은 채 꼬리만 가끔 움직일 뿐, 수면 아래로 가라앉았다가 수면으로 떠오르기를 반복했다. 여러 마리의 돌고래가 번갈아가며 두세 마리씩 짝을 이뤄 기진한 그 녀석을 밑에서 수면 위로 밀어올리고 있었다. 서로 혈연관계이어서일까, 아니면 절친한 동료관계이어서 그럴까. 알 수 없는 희한한 광경이었다.

한 시간 남짓 그러더니 그 돌고래의 움직임이 잠잠해졌다. 죽었다. 그러자 물 밖으로 밀어올리기를 하던 녀석들이 죽은 녀석의 입과 목덜미, 배와 등을 애무하듯이 스치며 이별을 아쉬워하는 애도哀悼 장면을 연출했다. 영결식이었다. 죽은 돌고래가 물밑으로 자취를 감춘 후에도 녀석들은 한동안 그 자리를 맴돌았다.

야생 돌고래 떼의 이런 행동이 동영상과 카메라로 포착된 것은 이번이 세계 최초라고 한다. 죽어가는 돌고래가 고통받지 않고 편안하게 영면할 수 있도록 같은 무리의 돌고래들이 수면 밖으로 밀어올려준 것이다. 3분 넘게 물속에서 나오지 못하면 익사하기 때문이다. 마음이 숙연해졌다.

돌고래에겐 인간을 닮은 점이 꽤나 많다. 포유류인 그들은 무리지어 공동체생활을 한다. 장난을 잘 치고 사람과도 친숙하다. 영리하고 지능이 높아 소리와 초음파를 통해 서로 의사소통을 하는 능력도 있다.

더욱 놀라운 것은 그 동료애同僚愛다. 아픈 녀석의 고통을 조금이라도 덜어주려 애쓰는 그들의 집단행동은 감동 그 자체였다. 정든 동료를 떠나보내는 영결식 장면으로 가슴이 뭉클했다. 인간을 그렇게도 빼닮았다.

자연과 사람이 어우러져 살아가는 곳. 큰개 포구엔 그리운 추억들로 고향의 정이 짙게 스며든다. 돌고래가 분위기를 한층 돋웠나 보다. 정겨운 모임 자리가 선조들의 공덕담功德談으로 꽃을 피우고 있다. 설촌 이후 수백 년의 마을 역사지가 출간된 뿌듯함인가. 술잔에 비낀 노을도 곱다.

(2008. 9.)

사랑의 물참나무

화창한 봄날이다. 창문 너머 저 멀리 보이는 한라산이 유난히도 아름답다. 산 위의 잔설殘雪을 녹여내느라 하늘은 저리도 맑고 푸른가. 산은 봄옷으로 갈아입으라고 나를 부르며 손짓하는 듯하다. 한라산은 언제 봐도 어머니의 품처럼 포근한 모습이다. 백두산이 남성이라면 한라산은 여성으로 느껴진다.

아침안개와 구름이 활짝 걷힌 산, 따스한 봄볕이 유혹의 손짓을 받아들이라고 재촉한다. 그 손짓을 뿌리칠 수 없다. 아무래도 집에 가만히 있기에는 아쉬운 봄 날씨다. 산행에는 조금 늦은 시간이지만 가기로 마음의 문을 연다.

가볍게 식사를 하고 주섬주섬 옷을 챙겨 등산길에 나섰다. 언제부터인가 혼자만의 산행을 좋아하게 되었다. 편안하고 홀가분하기 때문이다. 신시가지에서 자동차를 몰고 1100도로에 접어들었다. 라디오 음악에 맞춰 콧노래를 부르며 달리노라니 아름다운 벚꽃 풍경이 차창을 스쳐간다. 벚나무 아래서 놀던 노루 한 쌍이 화들짝 놀라 숲 속으로 몸을 감춘다. 먹이를 찾아 산을 내려온 노루들이다. 지금은 초봄이라 산에는 먹이가 없는가 보다. '어리목' 휴게소에 도착하니 오후 한 시다.

어리목 광장은 산을 내려온 사람들로 북적거린다. 활엽수림의 어리목 등산로에 들어섰다. 마주치는 여인네의 산행 옷차림이 화사하여 봄 향기가 풍겨온다. 발걸음이 가볍다. 몇 분을 걸어 계곡에 이르니 잔설이 녹아 흐르는 물소리가 제법 요란하다. 거울처럼 맑은 물에 다리를 건너는 내 모습이 곱게 비추인다.

경사가 심한 길을 오른다. 숨이 차다. 등산객들은 줄을 이어 내려오고 있다. 하산하는 사람들 얼굴이 홀가분하고 기분 좋은 모습이다. 밝은 얼굴에 웃음이 가득하다. 나도 환한 미소를 머금는다.

"반갑습니다. 수고하세요."

건네는 인사말이 더욱 정겹다. 산에서 만나는 사람은 모두가 반갑다. 우연히도 하산하는 옆집 친구를 만났다. 나를 보고 놀라는 기색이다.

"자네 아닌가? 대단하군. 어제 저녁 술을 많이 마시던데 오늘 산행을 나서다니!"

땀을 닦으라며 수건과 물을 건네주고 손을 흔든다. 숨을 헐떡이며 비탈진 산길을 계속 오른다. 쉬어가고 싶은 생각이 굴뚝같다. 한참을 오르니 저만치 해발 1,300m 고지에 고목古木인 물참나무가 보인다. 산을 오르내릴 때 쉬어가는 정자나무다. 무거운 발걸음을 재촉하여 정자나무에 다다르니 온몸이 땀으로 젖었다. 배낭을 풀고 나무 아래 벤치에 걸터앉아 휴식을 취하고 나니 물맛도 꿀맛이다. 몸과 마음이 한결 산뜻하다.

딱따구리 한 마리가 삭은 가지 꼭대기에 앉아 열심히 나무를 쪼아대고 있다. 지난여름에 지었는지 높은 나뭇가지에는 허름한 새집도 보인다. 나무에 새순이 돋아나려면 아직은 멀었나 보다. 수령이 오백여 년이 되는 이 나무는 높이가 30여m나 되고 둘레가 두 아름이나 되는 거목이다. 이 나무에 얽힌 아름다운 전설이 있다.

정조 18년(1794)년 갑인 흉년에 집집마다 굶어죽는 사람이 속출했다. 이를 보다못한 계집종이 초근목피草根木皮라도 구해 주인집 식구를 구하고자 이곳까지 왔는데 허기에 차 이 물참나무 밑에 쓰러졌다. 한참 후 우박 소리에 잠을 깨고 보니 온몸이 도토리로 덮여 있어 이를 주워 모아 주인식구를 구했고, 흉년 때마다 찾아가 보면 도토리가 많이 쌓여 있어 연명延命할 수 있었다. 그 후 이들은 매년 이 나무에 감사의 제사를 올려 이 나무의 덕을 칭송하였다고 하여 송덕수頌德樹라고 전해지고 있다.

계집종의 정성, 하늘의 감동, 물참나무가 베푼 사랑이 오늘따라 새롭게 느껴진다.

딱따구리가 나무 속에 있는 벌레를 찾아 잡아먹고 있다. 나무를 쪼아대는 소리가 야단스럽게 들린다. 그 소리가 북소리처럼 내 가슴에 울려온다. 먹이를 찾은 기쁨으로 환호하며 치는 북소리 같다. 흉년에 계집종에게 도토리를 내려주어 주인식구를 연명하게 했던 이 나무가 지금은 고목이 되어서도 벌레를 먹여 살리고 딱따구리에게 먹이까지 주고 있다. 동물과 새들에게 먹이와 보금자리를 만들어 주고, 겨우살이와 이끼 등 기생식물도 살린다.

이 나무는 한라산 중턱에 자리한 휴식의 샘터로서 여름에는 시원한 그늘을, 겨울에는 따스한 햇볕을 등산객들에게 마련해 준다. 열매인 도토리는 식용으로, 잎은 뼈를 튼튼히 하고 위장을 고치는 약재로 쓰인다. 껍질을 달여 마시면 이질과 설사에도 좋고 피부염에 치료효과가 크다고 한다. 덕을 베풀어 사람의 병든 마음도 어루만져 생명을 살리는 사랑의 나무다. 아픈 곳을 쓰다듬어주던 따스하고 부드러운 어머니의 손길이 내게 다가오는 듯하다.

배낭을 챙겨들고 일어섰다. 늦은 오후라 송덕수를 뒤로하고 걸음을 재촉했다. 어리목 등산로 숲 지대를 오르니 산정이 바로 눈앞에 비쳐온다. 잔설이 남아 있는 한라산 전경이 참으로 아름답다. 그리운 어머니 모습이다. 산의 봄은 아직 이르지만 내 가슴속에는 훈훈한 봄바람이 넘실거린다.

훈풍을 가슴에 안고 산길을 돌아서니 하산하는 발걸음이 날아갈 듯 가볍다. 사랑의 물참나무를 만난 오늘, 내 마음에 잔잔한 물결이 밀려온다.

(2007. 4.)

어느 시인의 가을

잎이 진다
하늘의 먼 정원이 시들어 가듯
거부하는 몸짓으로 잎이 진다
그리고 깊은 밤중에
무거운 지구가 고독에 잠긴다
다른 모든 별들에서 벗어나
우리들 모두가 떨어진다
이 손이 떨어진다
보라, 다른 것들을. 모두가 떨어진다
그러나 어느 한 사람이 있어
이들 낙하落下를 한없이 너그러이
그의 양손에다 받아들인다.

— 릴케 〈가을〉

가을은 낙엽이 지는 계절. 쓸쓸하고 고독하다. 나뭇잎이 떨어져 뒹구는 수목원 숲길을 걸으면서 상념에 잠긴다. 여름에 무성했던 나무숲은 점점 가을바람에 낙엽을 휘날리고, 앙상한 나뭇가지 사이로 가을 햇볕이 스며들어 더욱 애잔한 그림자를 드리운다. 가을의 시상詩想에 깊이 빠져들고 있다.

잎이 진다. 나무에 매달려 있으려고 안간힘을 써 보지만 소용없는 일이다. 떨어지는 나뭇잎이 낙하를 거부하는 몸짓으로 서서히 바람에 휘날리듯 쓰러지며 숲길을 덮어간다. 나무와 꽃과 풀들이 수명을 다하여 옛 추억에 잠기듯 거부하는 몸짓으로 잎이 진다.

이토록 처연한 숲 속에 깊은 밤이 찾아든다. 모든 생명이 숨을 거둔 듯 고요한 밤이다. 어둠이 너무 깊어 아무도 찾아오는 기척이 없다. 무거운 침묵이 흐르는 시간이다. 지구가 지녀야 할 무량의 고독에 잠긴다. 외롭다. 혼자 버려진 느낌이다. 상념의 가을이라 낙엽처럼 떨어져 누운 채 고독을 달래야 한다. 여름의 풍요로움은 자취를 감추고, 혼자 쓸쓸하게 이 고독을 달래어 보지만 이제 지상과도 헤어져야 하는 영원한 이별 앞에서는 외로움뿐이다.

우주의 수많은 모든 별들 중에서 나의 별인 이 지구가 너무나 무거운 고독의 무게를 견디지 못하고 상온의 궤도를 벗어난다. 지구상에 존재하는 모든 사물과 더불어 인간의 회한도 나뭇잎 떨어지듯이 낙하한다. 지구의 늘 푸른 꿈을 믿는 나도 그들과 함께 떨어진다.

보라! 과거의 모든 인간이 잎이 지듯 떨어져 사라지고 만 것을. 이 세상의 만물은 태어났다가 다 사라진다. 나고 죽는 이 자연의 법칙 앞에는 예외가 없다.

그러나 떨어지는 인간들을 받아들이는 이가 있다. 하느님이다. 한없이 너그러이 양손에다 받아들인다. 가난한 자, 병들어 고생하는 자, 지위 고하나 빈부귀천을 가리지 않고 낙하하는 모두를 한없이 너그러이 양손에 받아들인다. 사랑의 하느님, 용서의 하느님이다.

구약성경 창세기편을 보면, 태초에 하느님께서 하늘과 땅을 창조하시고, 당신의 모습으로 사람을 창조하시어 그들에게 복을 내리셨다. 당신이 창조하신, 당신 모습을 닮은 인간이 얼마나 사랑스럽겠는가.

우리가 사는 이 지상에서의 삶은 신앙인의 눈으로 보면 일시적이다. 이 땅에서의 삶은 영원한 삶에 비하면 너무나도 짧다. 이곳은 우리가 임시로 거주하는 장소이다. 결국 인간은 지구상에서 나그네이며, 순례자임에 틀림없다. 신앙인의 본디 참모습은 영원한 삶의 추구에 있다. 우리가 숨 쉬며 사는 이 세상에서의 일생은 인간 삶의 전부가 아니라 일부이며, 일시적인 삶이다. 인생 삶의 나머지 부분들은 하늘나라에 가서 채우게 된다.

낙하하는 우리를 한없이 너그러이 양손에 받아들이는 이가 있다. 하늘나라에 우리를 기다리는 하느님의 사랑과 은총이 있다. 이제 가을을 잃고서도 찾아드는 겨울이 춥지만은 않을 것이다. 눈보라를 이겨내는 따뜻한 집이 있어 우리를 훈훈하게 해주듯이 말이다.

시인 '릴케'는 그의 시 〈가을〉에서, 내면적인 풍요와 조각적彫刻的인 수법으로 잎이 지는 계절인 가을의 자연 현상을 빌려 고독과 죽음을 리얼하게 다루고 있다. 시인은 〈가을〉에서 높고 맑은 신앙인의 눈으로 정신적, 종교적 차원에서의 하느님의 사랑을 깊이 있게 바라보고 있는 것이다. 그는 우리 인간의 고독과 죽음과 허무를 신앙으로 극복하고, 한 차원 높게 하느님의 사랑으로 승화시키고 있다. 어느 한 사람이 있어 낙하하는 우리를 한없이 너그러이 그의 양손에 받아들인다고 하느님의 사랑을 시로 노래하고 있다.

신이 주신 은총으로 깨달은 시인의 가슴이 포근하고 따스하게 느껴진다.

(2006. 11.)

오름은 알까

아지랑이가 아른거린다. 앙상했던 나뭇가지에도 꽃망울이 뾰족이 돋아 봄을 즐기고 있다. 이에 뒤질세라 미소짓는 제비꽃과 얼굴 살짝 내밀고 수줍어하는 풀꽃들이 앙증맞다. 겨우내 눈보라를 이겨낸 본지오름*에 봄이 가득하다.

형님의 유택幽宅을 이곳에 정한 지도 오래되었다. 예전에 본지낭 노박덩굴이 많아 본지오름이라 부르게 되었다는 이 오름은 한라산 끝자락에 자리 잡고 있다. 원형 분화구인 굼부리가 침식

* 본지오름 : 서귀포시 표선면과 경계인 성산읍 서쪽에 위치한, 해안도로에서 한라산 쪽으로 약 6km의 거리인 남산봉 동남쪽에 있는 해발고도 152m인 오름으로 마을 공동묘지로 사용하고 있음.

되어 남쪽으로 경사지고 넓게 벌어진 말굽 형태이어서 고향마을과 바다가 한눈에 내려다보인다. 팔을 벌려 모두를 포근히 품에 안고 있는 느낌이 드는, 마을에서 공동묘지로 사용하고 있는 양지바른 곳이다. 청명이자 한식날을 맞아 가족들이 모였다.

장성한 조카들이 아버지 산소를 단장하고 묘비를 세우고 있다. 아들딸들과 귀여운 손자들의 건강한 모습을 형이 지하에서 보면서 흐뭇해할 것 같다. 삶의 굴곡을 지나오느라 머리가 허옇고 등이 굽은 형수는 말이 없다. 옛일이 생각나는지 무언중에 내쉬는 형수의 한숨소리에 내 마음에도 파문이 인다.

어릴 적, 형은 고향 제주를 떠나 중학교를 서울에서 다녔다. 부모님은 장남인 형이 명석하고 야무졌기에 꿈을 키우도록 유학을 보낸 것이었다. 그나마 삼촌이 서울에서 교직생활을 하고 있어 다행이었다. 가문의 융성을 생각하는 부모님과 친족들의 형에 대한 바람이 컸으리라. 당시는 해방이 되고 정부가 수립된 직후였다. 사회적으로도 어수선한 때여서 자식걱정으로 부모님은 늘 노심초사하였다.

야속하게도 불운은 형에게 빨리 찾아왔다. 중학 2학년 여름, 6·25전쟁이 발발한 것이었다. 전쟁으로 서울소식은 거의 불통이었다. 누가 죽었다는 소문들이 떠돌아다녔다. 석 달 가까이 형의 소식이 끊기자 친족들은 죽은 것으로 체념하였지만, 어머니만은 남몰래 새벽마다 천지신명께 눈물로 치성을 드리며 포기하지 않았다.

그러던 그해 늦가을 어느 날, 죽었다던 형이 살아 고향에 돌아온 것이었다. 모두 얼싸안고 엉엉 울었다. 기쁨과 감사의 눈물에 휩쓸린 집안과 동네는 온통 잔치분위기였다. 말을 들어보니, 전쟁이 나자 삼촌네는 어디론가 사라져 버렸고 형은 혼자 남쪽으로 내려온 것이었다. 어린 그가 살아온 게 믿기지 않는 일이었다. 엿도 팔고 걸식도 하며 몇 달 만에 고향집을 찾아온 것이니 어찌 놀라지 않을 수 있으랴.

집안의 명운을 형에게 걸어온 어머니의 교육열은 대단했다. 쪼들리는 집안형편에서도 형은 그 후 대학까지 졸업하고 교육계에 몸을 담았다. 형이 후진양성에 온 힘을 쏟아 제자들을 가르치며 명성과 보람을 얻은 것은 안타깝게도 잠깐이었다. 몇 년 동안의 군 생활을 마치고 복직한 그는 예전의 그가 아니었다.

술이 문제였다. 매일이다시피 마시는 술은 하루가 다르게 형을 좀먹고 있었다. 뜻대로 안 되는 삶에 좌절해서였을까. 아니면 어릴 적 겪은 6·25전쟁의 후유증이었을까. 서른아홉의 나이에 결국 교직을 그만두자, 주변에서는 모두가 "아까운 사람인데……." 하며 혀를 찼다. 투병 중이시던 어머니는 이때 한 많은 세상을 떠나셨다.

술은 가족 사이를 가로막는 장벽이었다. 나이가 열 살도 더 아래인 나는 그런 형이 미웠다. 술을 마시면 올망졸망한 어린 자식들도 보이지 않는지 이전과는 전혀 다른 사람이었다. 한치 앞도 내다볼 수 없는 어둠이 집안에 짙게 깔렸다. 형수의 아픔과 가족들의 상처를 짐작이나 할 수 있겠는가. 절망, 바로 그것이었다.

형은 종손집안의 장남으로서, 어린 시절부터 무거운 짐을 지고 고향을 떠나 험난한 인생길을 혼자 가야만 했었다. 그 두려움과 불안이 얼마나 컸을까. 고향에 대한 그리움은 어떠하였으랴. 더구나 어린 나이에 전쟁의 소용돌이 속에서 죽고 죽이는 아비규환의 현장을 목격하며 엄청난 상처를 받은 그였다. 이런 상처더미에다 쏟아 부은 술이 한 인간을 망가뜨렸는지 모를 일이다.

갑자기 형이 심하게 아프다는 소식이 왔다. '결국 올 것이 왔구나.' 하며 병원을 찾았을 때는 삼 개월도 못 산다는 진단이었다. 뉘우치는 모습이 역력했다.

"동생아, 조상 전田이라도 팔아 서울 병원에나 한번 가봤으면…."

숨을 몰아쉬며 말을 못 잇는 형에게 나는 아무 대답도 못했다. 너무 늦었다는 생각에서였다. 마음에 미움이 자리하고 있어 속이 좁았던 것은 아니었을까. 형은 그러고는 말문을 닫았다. 그 얼마 후 불혹의 나이에 짧은 생을 마감하고 말았다. 묵묵부답默默不答, 이게 형과의 마지막 대화였다니.

나는 속울음을 울었다. 왜 형 뜻대로 '그러시라.'고 못했던가. 따뜻한 말 한마디 나눔 없이 형을 떠나보낸 거였다. 한숨 쉬며 말이 없던 형의 모습이 눈에 선하다. 세월이 흐를수록 후회요,

치유하기 힘든 마음의 상처가 되어버렸다.

상처 없는 사람이 어디 있을까. 세상을 살아가면서 상처에서 자유로울 수 있는 사람이 과연 있을까. 저마다 자기만의 아픈 상처를 가슴속에 묻고 살고 있으리라. 상처가 크면 분노로 변해 인간관계를 파괴하기도 하고, 가해자가 오히려 피해자보다 더 큰 상처를 받을 때도 있는가 보다. 묵묵부답이 그랬듯이.

묘비를 쓰다듬으며 세월의 빠름을 느낀다. 모진 풍상을 견뎌온 오름은 엎드려 비는 이 마음을 알까. 평온을 주려는지 봄볕도 따사롭다.

(2009. 5.)

뱃길 따라 규슈를 가다

바람이 싸늘하다. 요즘의 어려운 경기만큼이나 체감온도가 춥게 느껴진다.

만추의 11월 하순, 일본 규슈로 가는 중이다. 부산에서 시모노세키로 가는 연락선은 사람들로 만원이다. 환율이 턱없이 올라 여행비를 아끼려함이기도 하지만, 글벗들과 함께하는 뱃길여행이 뜻이 있어 선택한 길이다.

아침 7시 넘어서야 시모노세키항에 도착했다. 항만 입국심사가 까다로워서 오래 기다리느라 짜증스러웠다. 지문을 날인하고 얼굴사진을 찍는 절차로 지체되는 시간이 줄을 선 지 두 시간째. 밤새 뱃길을 달려온 지친 손님들의 사정은 전혀 아랑곳하지 않았다. 친절한 나라답지 않다는 불만이 곧 터져 나올 듯 입안을 맴돈다. 이리 허비하는 시간이 아깝다는 생각에 마음이 편치 않다. 기다리는데 여유롭지 못한 한국인의 기질이 내게도 있는가 보다.

입국절차를 마치자 대기하던 버스에 올랐다. 규슈로 가는 관광버스는 몸집 큰 사람은 고생할 정도로 좌석이 비좁았다. 모두 안전벨트를 매라고 한다. 법과 질서를 잘 지키는 나라이어서 교통사고율이 낮기로는 세계적이다. 차량들은 소형차가 대부분이고 도로 폭도 우리보다 좁다. 운전석도 우리와 반대인 오른쪽이어서 통행차선도 헷갈린다. 이국에 온 느낌이 비로소 들기 시작했다.

달리는 차창 밖으로 규슈의 늦가을 풍경이 아름답다. 이곳 기후는 제주지역과 비슷하다. 녹나무 같은 상록수가 산과 계곡에 원시림처럼 울창하다. 전쟁이나 외적의 침략이 없었기에 산림이 온전히 보존되었나 싶다. 야산이나 길가에는 대나무도 무성하다. 전역에 왕대가 많은 것은 지진과도 무관하지 않다 한다. 일본이 화산지대이고 지진이 많기에 인위적으로도 숲을 가꾸고 산불을 막아야만 했으리라.

규슈 어디서나 낮에 사람 보기는 쉽지 않았다. 사람들은 남녀노소 할 것 없이 일하는 걸 자랑으로 여긴다. 검소하고 부지런하며 정서나 생활습성이 섬세하고 치밀하다. 집안 청결이나 정리

정돈은 두말할 필요도 없다. 현관에 들어서면 벗은 신발은 즉시 돌려놓아 나갈 때 편리하게 정리해둔다. 언제 화산이 터질지, 지진이 일어날지 모르는 때문일까. 이런 국민성이 오늘의 일본을 이룬 밑거름이 되었을 터이다.

집과 건축물 색깔은 생각보다 회갈색이 많은데, 도장이나 도색 기술은 특히 유명하다. 염분이 많은 섬나라이어서 모든 게 녹슬지 않아야 하기에 이 분야가 발달한 것일 게다. 주택도 주로 작은 목조 건물이고 정원도 너르지 않다. 겉보다 실속을 중시한다는 걸 짐작할 수 있다. 실용적인 경려소미輕麗小美의 추구가 일본의 생활 문화풍조라면 편협적인 시각일까. 사람도 왜소하지만 매사가 그러하다.

후쿠오카를 지나 사가현 가라츠에 도착하니 문화예술인모임松浦文化連盟 임원들이 우리를 반긴다. 서로의 문화예술에 대한 대화가 시작되자 서먹한 분위기가 부드럽다. 중국의 당시唐詩, 우리나라의 시조, 일본의 하이쿠 등 정형시 운율에 대한 토론도 진지하다. 문화 전수과정도 알고 있어 서로 공감하는 부분도 많았다.

가라츠 시는 서귀포시와 자매결연한 지 15년째 되는 항구도시로, 옛적에도 한반도를 오가는 항구였다. 한반도에 밀려오는 하얀 물결이 이곳에도 밀려든다. 고대古代로부터 물줄기의 뱃길을 따라 사람이나 물건, 정서나 문화도 교차한 것이다. 바다에도 길이 있음에랴. 제주에 살아도 어깨가 넓혀진다.

이 항구도시에서 가까운 아리타는 세계적인 명품도자기로 이름 난 곳이다. 산골짜기 따라 길게 형성된 작은 도시이다. 이곳에는 유명한 조선인 도공 이삼평의 기념비가 있다. 이삼평李參平은 사백여 년 전, 임진왜란 때 조선에서 끌려온 도공 중의 한 분이다. 그는 이곳에서 고령토를 발견하여 일본 최초로 가마를 설치하고 도자기를 굽기 시작한 인물. 그가 일으킨 도자기 공예 산업이 이 도시를 경쟁력 있는 도시로 발전케 한 원동력이 된 것이라니 마음 가득 뿌듯함이 찾아든다.

명성을 얻은 도자기는 그 후 유럽으로 수출되고 기본적인 기술도 여러 나라로 전수되었다. 아리타 시민들은 가마 창시 삼백 주년인 1916년에 도조陶祖인 이삼평의 기념비를 도산에 세웠고, 신사에 모셔 매년 제사를 지내며 도자기축제도 열고 있다. 조선인 도공을 도조로 높이 예우하는 그들이 새삼 놀랍다.

이윽고 우리 일행은 가라츠에서 멀지않은 이 아리타 시내로 들어서자 이삼평 도조가 고령토로 만든 도자기를 굽던 가마터에 이르렀다. 도심 동네 공동묘지에 있는 작은 비석이 옛 도공들의 삶의 궤적을 보여준다. 선인들의 혼령이 우리를 그 발자취 따라 여기 오게 한 것일까. 주택가임에도 한적하고 쓸쓸하기 이를 데 없다.

얼마 전 이곳 유적지 발굴 도중에, 사백여 년 전 당시 도공이 만든 도자기 파편이 발견되어 화제였다고 한다. 그 파편에 남겨진 글자 때문이었다. 거기에 새겨 있는 글자가 '모모노고애母母勞苦哀'라니, 눈가가 젖어온다.

"어머니, 어머니, 힘들어 괴롭고 그립습니다."

울음 섞인 목소리가 들리는 듯하다. 전쟁에서 끌려온 도공의 삶과 심정을 도자기에 새겼음이 틀림없다. 그들의 괴롭고 처절한 상황을 적나라하게 표현한 글이다. 어머니와 가족, 고향에 대한 그리움을 어찌 다 가늠할 수 있겠는가. 국난으로 떠도는 신세라 바다 건너에 있는 모국에 대한 섭섭함과 애달픔은 또 얼마나 컸으랴.

지금 내가 그런 처지라면 어땠을까 생각하니 가슴이 아리다. 그들은 도자기를 빚는 데 혼신의 힘과 열정을 쏟아 세계적 명품을 만들어냄으로써 괴로움과 그리움을 달랬으리라. 도공의 그 예술혼이 후손을 보존하고 명예도 지켜냈지 싶다.

겨울이 멀지 않았음인가. 작은 비석 앞에 함초롬히 핀 국화꽃이 외로워 보인다.

(2008. 11.)

철새들의 겨울나들이

문화기행에 나선 길이다. 차창으로 비치는 아침 햇살이 반갑다. 얼마 전에 대한大寒이 지나 지금은 몹시 추운 시기인데, 예상외로 포근하고 맑은 날씨다. 나들이하기엔 안성맞춤이다. 며칠 준비한 행사가 한겨울이라 눈보라 걱정이 없었으랴. 엊저녁 시상식 행사 후의 술자리로 푸석한 얼굴일 텐데, 모두의 얼굴이 밝다.

지난해 1월 이 행사 때의 눈 내리던 그 저녁이 떠올라, 이번에는 미리 추위에 대한 준비를 단단히 했다. 남들은 눈 내리는 그 밤을 오히려 설레며 즐거운 추억을 만들었는데, 나는 준비 없이 참석했다가 추위로 혼이 났었다. 올해도 같은 시기에 ≪수필과비평≫의 동계행사가 전주에서 열렸다.

예로부터 "대한에 집을 나간 사람은 찾지도 말라."는 말이 있다. 이 시기의 혹독한 추위를 일컬음이다. 제주에서는 대한 후 5일부터 입춘 전 3일까지 일주일 동안을 신구간新舊間이라고 한다. 설화에 따르면 이 기간에 땅을 다스리는 신이 새해를 맞으며, 지난해의 지상의 일을 옥황상제에게 보고하러 하늘로 올라간다고 한다. 혹독한 추위 때문에 사람들이 집에 웅크리고 있어 말썽부릴 일이 없으니 이 시기를 택한 것이렷다. 이때 이사도 하고 집수리도 한다. 지상을 다스리는 신이 출타하였으니 탈이 없다는 게 그 소이연所以然이다. 지금이 바로 그 시기이다.

버스를 타고 고속도로를 달리고 있다. 나눠주는 따뜻한 떡과 감귤을 받아들고 발행인님의 전송인사까지 받으며 떠난 수필작가들의 단체여행이다. 도로변엔 '동북아의 중심, 이제는 전북이다'라는 대형 입간판이 보인다. '전주비빔밥'과 '맷돌 순두부'라는 상호를 내건 식당들도 눈에 띈다. 아침에 먹은 콩나물해장국처럼 향토 맛과 냄새가 물씬 풍긴다. 빈 들판에는 간밤 내린 찬서리가 눈처럼 하얗고, 산등성이엔 독야청청獨也靑靑한 소나무들이 겨울풍경의 멋을 더해주고 있다.

새만금 간척지를 돌아보고, 채만식 문학관을 관람하는 데는 겨울답지 않은 포근한 날씨가 역시 효자 노릇을 하였다. 차중에서 날씨를 화제로 담소를 나누노라니, 신성리 갈대밭으로 출발한 버스는 어느덧 철새도래지인 금강하구언을 지나고 있다.

구름이 거의 없는 맑은 하늘에선 겨울 햇살이 반짝거린다. 차창 너머로 보이는 금강 담수호가 아름답다. 강둑 가까이에는 얼음이 얼어있고, 몇 척의 작은 배도 얼음에 갇힌 듯 꼼짝하지 않는다. 강 가운데 무리지어 한 줄로 늘어서 있는 철새 떼가 눈에 들어온다. 마치 발이 꽁꽁 묶여 얼음에 얼어붙어 있는 듯하다. 한 폭의 수채화다.

철새 떼의 움직임이 전혀 없는가 하고, 물끄러미 바라보노라니 몇 놈이 날개를 퍼덕거리기도 한다. 오래 웅크리고 있을 뿐이다. 얼지 않은 강물 위에서 낮잠을 자고 있을까. 어림짐작을 할 수가 없을 만큼 엄청난 숫자다. 말로만 들었던 가창오리 떼인가 보다. 낮에는 잠을 자고 밤에만 멋진 군무群舞를 춘다는 바로 그 야행성 철새 말이다. 주위도 고즈넉하고 한산하다.

금강호는 오리, 기러기, 갈매기 등 철새들의 보금자리다. 금강하구는 강폭이 넓어 은신처로 적당한 곳이다. 한겨울 추위에도 강물이 잘 얼지 않아 겨울철새들의 월동지가 되고 있다. 더구나 인근에 만경평야 등 너른 평야가 있어 먹이가 풍부하기에 새들이 이곳으로 몰려든다. 소문난 철새도래지 중의 하나다.

신성리 갈대밭에 도착한 건 정오가 좀 지나서였다. 제방도로에 올라서니 드넓은 갈대밭이 눈 아래로 내려다보인다. 충청과 호남, 서천군과 군산시가 만나는 금강 하구에 펼쳐진 갈대밭이 광활하다. 갈대가 나무숲처럼 숲을 이루고 있다. 강바람이 금강의 물결을 따라 일렁이면 그 바람결에 흐느끼는 갈대다. 겨울이라 꽃이 지고 잎도 떨어졌지만, 여전히 운치 있는 갈대숲 풍경은 나를 사로잡는다.

제방이 꽤 높다. 둑에서 내려가 갈대 숲길에 들어서니 사방이 잘 보이지 않는다. 갈대가 사람 키의 배는 될 것 같다. 숲길 흙이 아가씨 손길처럼 부드럽다. 발걸음을 옮길 때마다 그 부드러움이 촉감으로 전해져온다. 호젓한 갈대숲이 나를 유혹하는 것일까. 사랑하는 이와 손잡고 걷고 싶은 길이다.

철새 몇 마리가 날아간다. 새들이 은신하기에 알맞고 먹이가 풍부하기로야 갈대숲보다 더한 곳이 있으랴. 나무숲이 산짐승들의 보금자리라면 갈대숲은 새들의 보금자리다. 철새들에겐 갈대숲이 천혜의 요새요, 둥지다. 금강의 퇴적물이 쌓여 뭍이 드러나는 곳이면, 하류 어디든지 갈대숲이 있다. 갈대가 수질정화기능으로 오염원을 걸러줘 생태계를 유지 보호해준다니, 세상에 쓸모없는 것이라곤 하나도 없는가 보다. 갈대 숲길을 걸으며 상념에 빠져들었다.

"자, 이제 갑시다."

둑 위에서 이동을 알리는 목소리가 들린다. 주위를 둘러보니 갈대숲엔 나 혼자뿐이다. 둑 위에는 작가들이 서서히 움직이고 있다. 둑 아래서 올려다보니, 그 모습이 철새들이 일렬로 무리지어 날며 이동하는 것과 영락없다.

전국에서 작가들이 겨울이면 이곳 예향의 도시 전주로 철새들처럼 찾아든다. 수필작가들의 모태母胎가 ≪수필과비평≫이요, 전주는 그 둥지다. 금강 하류가 철새들의 보금자리가 되어 쉼터와 먹이를 제공하듯, 전주는 작가들에게 만남의 장소를 제공하고 정보와 지식 등 성장의 밑거름을 공급하고 있다. 좋은 만남의 인연을 맺어 글벗으로서 끈끈한 정을 나눈다. 여로旅路에 지친 벗을 위로하고 격려하며 용기를 준다. 부러워할 만큼 가족적인 분위기다. 이런 분위기에서 훌륭한 작가가 배출되고 신인들도 탄생한다. 이곳 ≪수필과비평≫은 작가들의 보금자리다.

작가들이 문화기행에서 식견과 체험을 넓히며 여유를 즐기고 있다. 머리 위로 새들이 무리지어 날아간다. 철새들의 나들이다. 철새들은 무리에서 이탈하거나 낙오하는 일이 없다. 서로 배려하기에 함께 날아도 부딪히는 일도 없다. 군무를 즐기며 멋과 여유를 부린다. 작가들의 문화기행은 철새들의 나들이다.

헤어짐은 늘 아쉽다. 일상에서 벗어나 여유를 만끽하는 오늘이지만 곧 세월의 뒤안길로 사라지리라. 그 추억의 앨범 속엔 그리움과 훈훈한 향기가 배어 있겠지.

내 작은 소망 하나 빌어본다. 철새처럼 무리에서 이탈하거나 낙오가 없기를.

(2008. 2.)

제3부

화려한 퇴장

화려한 퇴장

우리 집 베란다에 봄이 한창이다. 화초들이 따스한 봄볕을 즐기고 있다. 집착과 욕심이 없는 아름다운 모습이다. 싱싱하게 자라만 주어도 고마운데, 특별한 관심을 주지 않아도 계절 따라 꽃을 피운다. 무관심이 오히려 도움이 된다는 말이 맞는 걸까. 나는 가끔 물을 주는 게 고작일 뿐이다.

분재의 매화가 꽃을 피우면 이어서 난도 꽃을 피운다. 베란다에 핀 난 꽃이 아름답다. 그윽한 향기를 풍기며 자태를 뽐내는 동양란과 화분에 핀 꽃들로 집안이 화사하다. 그 중에도 군자란君子蘭이 올봄에도 나 보란 듯이 예쁜 꽃을 피웠다. 군자란 꽃은 듬직하고 화려하다. 이름은 난인데 난이 아닌 게 군자란이다.

군자란은 이름과 모양새 때문에 오해의 소지를 불러오기도 한다. 난과蘭科인지, 흔한 우리나라의 꽃인지, 하지만 모두 오해다. 군자란은 수선화과에 속하며 고향은 남아프리카다. 예로부터 사군자라고 하면 매란국죽梅蘭菊竹을 말하는데, 난도 아닌 이 꽃에 하필이면 군자란이라는 이름을 붙였을까?

그 잎은 진초록색이며 광택이 나고, 잎 끝은 뒤로 젖혀져 늘어진다. 잎이 크고 길며 뿌리에서부터 좌우로 두 장씩 갈라져 정연하게 자란다. 봄에 잎 사이에서 긴 꽃대가 솟아 그 끝에 산형傘形 같은 백합 비슷한 주황색 꽃이 핀다. 꽃은 동백꽃처럼 크고 화려하며 아름답다. 꽃뿐 아니라 잎도 넓고 길어 관상용으로 인기다.

군자란은 무엇보다 그 기상이 군자답다. 넓고 긴 잎이 대칭을 이루며 갈라져 정연하다는 건 모든 일에 균형과 조화를 이룸이요, 잎이 자라면서 광택이 나고 점차 뒤로 젖혀지는 건 군자처럼 너그럽고 여유로움이다. 잎 사이 꽃대와 꽃을 보면 그 크기와 화려함이 군자라는 이름이 걸맞다는 느낌이다. 그 자태는 난처럼 얼마나 고고한가. 그래서인지 꽃말은 우아, 고귀이다. 군자란에 얽힌 전설 또한 애틋하다.

옛날 아프리카 어느 마을에 한 추장이 있었다. 그는 용맹과 지혜를 겸비하여 존경과 찬사를 한몸에 받는 영웅이다. 어느 여름날, 추장이 사냥을 나간 사이에 식인종들로부터 마을이 습격을 받아 쑥대밭이 되어버렸다. 돌아온 추장과 용사들은 수상족樹上族

인 그 식인종들의 근거지를 찾아내고는, 숲 주변에 젖은 나무를 쌓아 불을 지펴 연기를 뿜어내어 적들이 나무에서 내려오도록 꾀를 쓴다. 결국 치열한 전투 끝에 추장의 전략으로 큰 승리를 거두고 잡혀간 포로들까지 모두 구출한다. 그러나 애석하게도 식인종들이 도망가며 쏜 독화살에 맞아 추장은 현장에서 장렬하게 전사戰死하고 만다. 후세에 이름을 남길 전사戰士의 아쉽고도 멋진 퇴장이랄까. 신기하게 이듬해 그의 무덤에서 그를 닮은 꽃이 피어났는데, 이 꽃을 군자란이라 부르게 되었다고 한다.

군자란은 꽃이 질 때도 여느 꽃과는 다르다. 화려하게 핀 꽃송이가 뚝 뚝 떨어진다. 시든 채 줄기에 초라하게 붙었다 지는 게 아니라 예고도 없이 꽃송이째로 후두둑 진다. 꽃의 화려한 퇴장이라고나 할까. 필 때도 아름답지만 질 때도 멋지다. 동백꽃이 바람에 뚝 뚝 떨어지듯이 낙화에 구차함이 없다. 집 떠나는 수행자의 뒷모습처럼 초연해 보인다. 꽃의 낙화하는 모습에서 군자란이라 부르는 연유를 찾는다면 어쭙잖은 일일까.

군자란 꽃이 지고 달포가 지난 오월 어느 날, 스포츠계의 놀라운 소식을 접했다.

애니카 소렌스탐(35 · 스웨덴)이 돌연 올해를 끝으로 은퇴 선언을 했다는 뉴스에 어리둥절했다. 우승컵에 입을 맞추며 부활이라는 찬사를 들었던 게 불과 엊그제 일이다. 90년대 중반부터 오늘까지 세계 최고의 여자 프로골퍼로 군림하고 있는 그녀다. 지난해

부상으로 신음하며 일승도 올리지 못한 채 최악의 시즌을 보냈던 그녀는 올 시즌 이미 삼승을 올리며 건재를 과시했기에 이 발표는 충격적이다.

골프를 너무 사랑하기 때문에 결정을 내리기가 어려웠다며, 힘든 시기를 거쳐 제자리를 되찾은 만큼 '이제 떠날 때가 됐다.'라는 그녀가 놀랍다. 내년 봄에는 결혼해 인생의 새로운 후반 9홀도 힘차게 걸어갈 계획이라니 최고는 다른가 보다. 여러 마리 토끼를 다 잡기는 힘든 현실이 아닌가. 뭔가를 포기하는 지혜를 터득한 것처럼 보인다고 주변에서 말하고 있다. 골프계에서는 그런 선수는 다시 나오지 않을 것 같다며, 코스 안팎에서 배울 게 많았던 그녀가 세계정상에서 떠난다고 하니 '원더풀!' 하며 아우성이다. 과연 완벽한 부활에, 화려한 퇴장이라 할 만하다. 떠나는 그 모습이 군자란 꽃의 순수한 낙화처럼 참으로 멋져 보인다.

시시각각 변하는 게 세상사다. 지구상에 영원불변한 것이 어디 있었던가. 부귀를 누리던 사람들이 어느 날 홀연히 사라진다. 무대의 배우도 연극의 종막으로 퇴장한다. 회자정리會者定離라 하듯이 만남은 언젠가는 이별이다. 아름다운 꽃도 서럽게 진다. 하지만 꽃은 봄이 오면 다시 피고, 헤어짐은 만남을 기약한다. 갓 등장한 젊은이가 무대에서 신나게 공연을 펼친다. 빈천貧賤은 노력하면 부귀로 바뀐다. 돌고 도는 세상이다. 그래서 집착은 금물이라고 하는 걸까.

낙화처럼 떠나는 이의 뒷모습은 아름답다. 미련 없이 돌아서기에 당당하고 버젓하다. 그렇지만 아쉬움은 있으리라. 아픔과 눈물이 있을 것이고, 이별은 또한 우리를 허전하게 만든다. 그러나 떠나갈 때를 알고 떠나감은 얼마나 산뜻한 일인가. 군자란 꽃처럼 그럴 수만 있으면 말이다.

새봄에는 더 아름다운 꽃을 피우려나. 우리 집 군자란이 푸르고 싱싱하다.

(2008. 5.)

그 선배의 후배사랑

자신이 스스로 미워질 때가 가끔 있다. 자존심에 상처받을 때가 그러하다. 자존심이 상하면 화가 나고, 모든 게 귀찮아지기도 한다. 이런 일만은 피하고 싶다. 자존심을 지키고 싶은 게 어디 나쁜이겠는가.

늦은 아침, 반가운 전화가 걸려왔다. 승진시험에 합격되었다면서 후배가 오후에 집에 놀러온다고 한다. 목소리만 들어도 그가 무척 대견스럽다. 창밖을 바라보며 기쁜 마음으로 그를 기다리고 있다. 어려움 속에서도 마음 뿌듯했던 직장시절의 감회가 떠올라 들뜬 기분이다.

기대와 설렘 속에 시작한 직장생활은 내 인생의 새로운 출발이었다. 직장 초년생의 고충을 어찌 다 말할 수 있으랴. 전자계산기도 없고 컴퓨터도 없던 시절이었다. 하나에서 열까지 새로 배워야 했다. 꾸지람을 듣는 게 일과였다고나 할까.

나의 무능함에 스스로 화가 나고 속이 상했다. 직장이 이런 곳이고, 직장생활이 이런 것일까 하는 회의懷疑도 들었다. 인정을 받고 싶은데 아무도 나를 인정해 주지 않는 데 대한 불만이 바로 문제였다. 왜 그러는지를 살펴볼 마음의 여유가 전혀 없었다. 자신의 모자람을 인정하기가 그리 쉬운 일인가. 가난에 쪼들리던 시절에는 세끼 밥을 먹을 수 있는 직장만이라도 있었으면 했다. 한데 직장생활을 하게 되니, 새로운 욕구가 생기고 불만도 쌓이며 커가는 것이었다.

직장동료들이 왠지 쌀쌀맞게만 느껴졌다. 나는 동료들과 함께 어울리지 못하는 외톨이였다. 다정하게 말을 건네주는 동료도 없었다. 직장을 그만둘까 하고 고민에 고민을 거듭하고 있었다.

그해 봄, 경상도에서 젊은 K선배가 상무로 승진하면서 기획실장으로 부임해 왔다. 나보다 두 살 연상인 그분은 직원들의 존경과 부러움을 한몸에 받았다. 젊은 나이에 어려운 승진고시에 당당하게 합격했기에 더 그랬으리라. 여러 해 동안 우리 사무실에서는 승진고시에 합격자를 내지 못해 안타까워해 왔다. 그분은 실력이 뛰어날 뿐만 아니라 인품도 훌륭하였다. 일을 잘 챙기고 매사에 솔선수범하며 아랫사람과 조직을 아끼는 모습에 존경하는 마음이 저절로 생겼다.

기획실장은 같은 부서에 근무하는 나를 안타깝게 보았는지 어려움이 있을 때마다 좋은 충고와 격려로 용기를 주곤 했다. 곁에 있으면서 때로는 맏형처럼, 더러는 친구같이 그랬다. "하면 된다. 할 수 있다."라고 하면서 늘 자신감을 심어주었는데, 그건 그분의 생활신조이자 좌우명이었다.

"오 주임, 억울하면 승진시험에 합격하게나."

어느 날 저녁, 상처받은 나의 마음을 읽기라도 한 듯 내 가슴을 콕 찌르는 아픈 자극을 주었다. 선배로서의 충고라기보다 위로라는 생각이 들자, 식사하다 말고 눈시울이 붉어졌다. 자존심의 상처를 치유할 길은 시험에 합격하는 것이라는 조언이었다. 목표를 정하니 용기와 힘이 솟구쳤다.

바쁜 업무에 시달리면서도 합격해야 된다는 일념으로 이를 악물었다. 직장을 그만두더라도 시험에 합격하고야 말겠다는 마음을 먹으니 오히려 편안한 기분이었다. 늦은 밤에도 잠자리에 들었다가 벌떡 일어나 다시 책상 앞에 앉았다. 이제 보니 그 때가 30여 년 직장업무의 기본지식을 쌓은 소중한 시간들이었는가 싶다.

유월 어느 날, 승진시험 합격자 명단에 내 이름이 끼여 있었다. 그 순간만은 날아갈 듯한 기분이었다. 아무리 작은 목표라도 원하는 바를 달성하면 누구든 그럴 거다. 그 선배도 자기가 합격한 것처럼 좋아하였다. "젊은 나이에, 목에 힘주는 거 아냐?"라며 농반진반弄半眞半으로 하는 친구들의 충고도 귀 너머였다. 동료들의 축하와 격려로 얼마 동안은 시간이 어떻게 지났는지도 몰랐다. 용기와 힘을 주며 많은 배려를 해준 선배에게 고마운 마음이었다. 책임자로서 '잘해낼 수 있을까.' 하는 걱정도 없지 않았지만 무엇보다 내가 인정받았다는 사실에 마음 뿌듯했다.

사람은 누구나 욕망을 가슴에 품고 사는 게 아닐까. 더구나 남에게서 인정을 받고 싶은 욕구는 모두에게 공통되는 것이리라. 시험 합격으로 자존심의 상처가 하루아침에 치유된 느낌이었다.

예상외로 아내는 아무 내색도 않고, 처가에도 한번 찾아가 어른들께 인사드리라고 하면서 나를 채근하였다. 결혼 후 한동안 찾아뵙지 않아 아내의 서운함이 컸었던가 보다. 오랜만에 찾아뵈니 장인도 무척이나 반가워했다.

"이건 조그만 선물일세. 늘 명심하게나."

장인은 봉투 하나를 선물로 주었다. 궁금증을 참지 못해 집에 오자마자 봉투를 열어보니, 조송曹松의 시 한 구절이 들어 있었다.

'일장공성만골고一將功成萬骨枯라!' 한 장수가 공을 이룸에 만 명의 뼈가 시든다.

책임자의 공은 부하들의 수고로움으로 이루어지는 것이니, 늘 부하를 사랑하고 그 수고와 아픔을 잊지 말라는 좋은 뜻에서 이걸 선물했으리라. 이런 책임자의 표상이 바로 그분이 아닐까 하는 생각이 들었다. 후배의 상처받은 자존심까지 보듬어주는 그런 선배를 만난 것은 내게 큰 행운이었다.

직장인이면 누구나 훌륭한 선배를 본받고자 한다. 어떤 선배를 만나느냐에 따라 직장생활이 달라진다. 정을 주는 따뜻하고 넉넉한 선배와 인연을 맺을 수 있다면 더 무얼 바라겠는가. 그분은 지금도 정과 사랑이 예전이나 변함없다.

지난날을 돌아볼 때면 "후배들에게 그때 잘해 줄 걸." 하는 아쉬움이 문득문득 찾아드는 요즘이다. 직장생활의 보람을 왜 먼 곳에서만 찾으려고 했을까. 후배가 오후에 집에 오면 '만남의 인연'에 대한 정담을 나누련다. 그 선배 이야기는 빼놓지 않고 말이다. 존경과 감사의 마음도 함께 실어서.

(2007. 7.)

올레길에서 만난 노인

약속한 날이 몹시 기다려졌다. 올레길*을 걷기로 한 삼월이 시작되면서 다른 약속은 일체 뒤로 미루었다. 고교시절 절친했던 동창부부와의 만남을 기다리는 것 자체가 기쁨이어서 우선순위를 따질 필요도 없는 일이었다. 기다림은 아름다운 상상을 동반하기에 손꼽아 기다렸던 소풍날만큼이나 설렘이 뒤따른다.

그날은 하늘도 맑았다. 올레길에 들어서자 서귀포 앞바다는

---

* 올레란 '거리에서 집 대문으로 통하는 아주 좁은 골목길'이라는 뜻의 제주 지역어이다. '제주올레길 걷기'는 정부가 선정한 명품 생태관광 프로그램으로 제주 해안의 좁은 길 따라 여러 코스가 개발돼 있다.

온통 옥빛이다. 삼월답지 않은 따끈한 봄 햇살에 눈이 시리고, 장군처럼 늠름한 모습으로 서 있는 기암괴석인 외돌개가 정겹게 다가온다. 올레길 7코스의 돔베낭골 해안절벽 위의 산책로를 걸으며 황홀한 해안풍경에 빠져든다. 주변의 유채꽃이 봄 정취를 물씬 풍기고, 그윽한 솔향기와 푸른 바다는 가슴을 활짝 열게 한다. 어린 손녀와 손잡고 걷고 싶은 길이다. 시야에서는 앞바다의 범섬도 떠나질 않고 있다.

범섬은 반란자들의 최후를 목격한 역사의 현장이랄까. 고려 말기에 반란을 일으킨 몽고인 목호牧胡들이 마지막 피난처로 이 섬까지 도망쳐 왔었다. 최영 장군이 토벌군을 이끌고 와서 여기 숨은 목호들을 전멸시키고 난亂을 평정하였다고 한다. 태풍에도 범처럼 떡 버텨 서서 이곳의 평온을 지켜주는 섬이다.

해안절벽 올레길 따라 서쪽으로 얼마를 걸으니, 약간 가파른 둔덕 아래로 속골하천이 보인다. 바닷가에 맞닿은 이 작은 하천에는 물이 졸졸 흐르고 있다. 다리 옆으로 징검돌다리도 놓여 있는 하천을 건너면, 야자수 나무들과 해변산책로가 이국적인 맛을 풍기는 수모루소공원이다. 공원으로 가는 길에 소형 승용차가 뒤따라온다.

"젊은 양반네, 차나 한잔하고 가시라우."

낯선 사람이 차창을 열고 다정하게 우리를 '젊은 양반'이라며 부르고 있다. 젊은이라는 소리가 육십 줄에 들어선 나와는 어쩜 무관한 것처럼 어색했다. 한데 소공원에 들어서자 꼬리치며 달려드는 귀여운 강아지와 어미개가 어린애처럼 어색함을 달래준다. 차에서 내린 사람은 소공원의 주인인 K노인이었다. 공원도 구경하고 차茶 접대도 받게 되다니 뜻밖의 행운이었다.

무엇보다 노인의 나이가 구십이 넘었다는 게 전혀 믿기지 않았다. 하얀 이를 살짝 드러내 웃는 얼굴은 동안童顔이요, 허리는 구부정하여 키가 작아 보여도 목소리는 청년처럼 걸걸하였다. 이 소공원까지는 우편물을 배달해주지 않아 매일 차를 몰고 우편물을 찾으러 가는데, 돌아오는 길에 우릴 만나게 됐단다. 노령임에도 비탈길에 차를 몰며 외딴 이곳에 사는 게 신기하다. 무엇이 이 노인을 이리도 젊게 지탱해주고 있을까? 노인의 살아온 얘기에 군침이 돌며 호기심이 당겼다.

이곳 서귀포에 수모루소공원을 조성해 거처를 마련한 지 30여 년이나 된다는 K노인은 이북 출신이었다. 열다섯 살 때 어머니가 돌아가시고 새어머니가 오자 그게 싫어 서울로 혼자 내려오게 되었단다. 장사꾼으로 문방구도 해보고 여러 가지 도소매업과 제조업도 해보았다는 거였다. 결혼해서 자식 낳아 기르고 사업하면서 온갖 고생하느라 세월이 어찌 흐르는지도 몰랐었는데 이순耳順이 넘어서야 세상이 보였다고 했다. 가족들의 만류에도 그 때 모든 걸 미련 없이 정리하고, 파도 소리 철썩이는 공기 맑고 물 좋은 이곳에 와 산다는 노인의 표정에서 편안함이 느껴졌다. 고향을 그리워하며 따뜻한 남쪽에서 안빈낙도安貧樂道하는 삶을 사는 걸까.

자그만 거처는 겉으로 허름해 보이나 집안 거실은 깔끔하게 잘 정리되어 깨끗하다. 안경도 없이 신문을 본다며 세상소식에도 꽤 밝다. 이곳 올레길을 걷는 나그네와 차를 마시며 덕담을 나누는 게 일거리란다. 처자식들은 서울에 살고 증손자도 여럿인데, 편지나 선물소포도 보내오고 가끔 여길 내려오기도 한다며 그 기다림으로 산다는 것이다. 백세百歲를 바라보는 노인이 혼자 산다는 게 놀랍다.

그는 요즘 뜬금없이 찾아오는 춘곤증에 빠진다고 한다. 바닷가 소공원 야자수 밑 벤치에 앉아 봄볕을 쏘이며 졸음을 즐긴단다. 자연의 품에 안긴 채 눈을 살포시 감으면 달콤한 꿈이 달려드는가 보다. 꿈속에서도 우편물을 뒤적이며 피붙이의 안부를 찾고 있을까. 아니면 만나고 싶어도 만나지 못한 그리운 옛 친구 소식을 기다리고 있는 걸까. 기다림으로 지난날의 추억을 떠올리며 뭔가를 찾아 헤매는데 깨고 나면 어렴풋하다는 노인의 모습이 눈에 환히 그려진다.

사실 그 노인에게 기다림은 기쁨이요, 삶의 원천이라는 느낌이 들었다. 지나는 사람을 불러들여 차를 마시고, 누군가의 소식이 올 것 같은 기다림으로 하루가 바쁘다. 차 한잔을 나누려는 그의 기다림은 눈물 글썽이게 하는 사랑이 아닐까. 날마다 우편물을 찾아 오가는 기다림은 꿈이며 그리움이요, 즐거움일 터이다. 기다린다는 것 또한 많은 시간을 다스리는 일이기에 그의 건강도 지켜주고 있음에 틀림없다.

노인의 밝은 모습에 나를 비춰본다. 노후를 과연 어떻게 보내야 멋진 인생일까. K노인은 철썩이는 파도와 갈매기 소리에 벗을 삼고, 오가는 길손에게서 세상 사는 이야기를 간간히 들으며 즐긴다. 소유를 탐하지도 않고 높이 오르려 자존을 무너뜨리지도 않으며, 세상일 다 접어 오로지 자연과 공존하며 살고 있다. 얼핏 외로워 보이나 자신의 삶을 한껏 즐기고 있는 게 아닌가. K노인이 부럽다.

차를 마시고 밖으로 나서니 파란 하늘에 하얀 조각구름이 흐르고 있다. 갈매기 나는 앞바다에는 범섬이 여전히 우뚝하다. 결코 외롭지만은 않겠구나. 얼굴에 가득 웃음을 머금은 K노인이 길 떠나는 우리에게 손을 흔들며 한마디를 선물한다.

"즐겁게 살아라. 그러면 가는 세월도 멈춰 선다."

(2009. 5.)

내 마음을 알 거야

초여름인데도 무척 덥다. 몸에서 열과 땀이 난다. 마음속의 열을 식히려 옛 추억도 회상해보고 생각도 집중해 보지만 신통치 않다. 지구 온난화로 열기가 더 높아졌나. 자연속에서 신선한 기운을 만나 열을 가라앉히려 산과 들로 나선다.

들길에도 바람 한 점 없다. 길가 밭에서 경운기로 밭 가는 농부가 보인다. 주름진 농부의 얼굴에서 땀이 방울진다. 어릴 적 이때쯤이면 보리수확이 끝난 후여서 밭을 갈고 고구마를 심느라 농촌일손이 한창 바쁜 철이다. 경운기가 없던 그 시절엔 밭갈이는 멍에 진 소가 맡아했다.

그 옛날 우리 집엔 황소 한 마리가 있었다. 몸집도 크고 넓은 이마에 거대한 뿔이 난 힘센 수소였다. 이 녀석은 우리 가족의 일원이요, 할아버지의 친구였다. 가난을 견뎌낼 수 있었던 건 녀석의 공로라 할 것이다. 억척스런 할아버지와 한 팀이 되어 남의 집 일도 해줘 받은 품삯으로 집안에 웃음꽃을 선사하곤 했다.

마구간에 먹이를 주러 가면 친구처럼 늘 반겼다. 할아버지가 돌아가신 후에도 나를 잘도 알아보았다. 농한기인 겨울, 냇가에 물 먹이려 녀석을 몰고 다녀오는 건 어린 나의 몫이었는데 그건 기분 좋은 일이었다. 동네 애들이 큰 소 옆에 오는 걸 두려워하니 어깨가 으쓱해질 수밖에.

가장 신나는 건 백중百中날이었다. 음력 7월 보름인 백중은 예로부터 아랫사람들이 즐기는 명절이었다고나 할까. 소와 더불어 농사일이 끝난 일꾼들이 놀며 쉬는 날이었다. 지금으로 말하면 바로 노동절이었던 셈이다. 견우직녀가 만나는 칠석날부터 일주일 동안 이어져 보름이면 절정이었다. 무더운 때라 바닷가를 찾기도 하고, 떡을 해먹으며 우마牛馬가 있는 집은 다 놀았다. 보름밤엔 백중잔치에 참석해 온 밤을 즐겼는데, 달밤 술래잡기는 잊지 못할 추억이다. 적당한 휴식은 생산성을 높인다는 걸 알았기에 이런 풍습이 생겼으리라. 옛사람들이 참으로 현명했음이다.

가을 어느 아침, 조반을 먹고 있는데 손님이 찾아왔다. 동네 어른과 함께 온 낯선 남자 한 분이었다. 알고 보니 소장수였다. 어머니의 간청으로 동네 어른이 알선하여 이뤄진 만남이라 했다. 일꾼 몇 사람 몫을 하는 우리 집 황소가 아닌가! 소를 팔려는데 모두 깜짝 놀랐지만 어머니의 뜻을 어쩌랴.

흥정이 이뤄지기 전에 소장수는 '일 잘하는 소라야 한다.'며 소를 앞뒤 좌우에서 둘러보기도 하고, 엉덩이도 때려보고, 다리를 만져보기도 했다. 건강한지, 몇 살이나 되었는지, 거래 가격은 어느 정도인지를 묻고 확인하는 게 매우 진지하였다. 서로 나누는 말소리가 제법 커지자 동네 어른이 황망히 손을 저으며 일어섰다.

"이봐요, 알아들어요. 소 앞에서 이럴 수가 있소? 장소를 옮겨 얘기합시다."

말을 알아듣기에 '소 앞에서 조심해야 한다.'는 걸 들은 게 그때가 처음이었지 싶다. 다행히 동네 어른의 주선으로 흥정이 잘 이루어졌다. 다음날 돈을 받고 소를 넘기기로 한 것이다. 큰형 대학 학자금 때문이었다는 걸 안 것은 나중이었다.

소가 집 떠나는 그날, 누나가 훌쩍이며 울기 시작하자 나도 덩달아 엉엉 울고 말았다. 가족처럼 함께 살아온 소다. 팔려가는 녀석이 불쌍하기도 하고 헤어지는 게 섭섭해 막 울어버렸다. 집안의 버팀목이 없으면 어떡하나 하는 걱정에서 더 그랬을까. 삶의 고뇌로 희끗해진 머리에 눈매가 촉촉하게 젖은 어머니는 말 한마디 없었다. 그 마음을 아는지 모르는지 식구들을 향해 음매~ 하고 크게 소리치고는 눈만 껌뻑이며 떠나가는 모습이 안쓰러웠다. 동네 어른이 "소도 네 마음을 알 거다."라면서 우는 나를 달래며 들려준 건, 밭 가는 소와 황희 정승의 일화逸話였다.

황희 정승이 젊은 시절, 들길을 지나다 나무 그늘에서 잠시 쉬고 있는데 저만치서 누렁소와 검정소를 부리며 밭을 가는 농부의 모습이 보였다. 심심하던 터라 밭 가는 농부를 보고 큰소리로 "어느 소가 일을 더 잘하오?" 하고 물었다. 농부가 밭을 갈다 말고는 다가와서 귓속말로 "꾀 많은 검정소보다 누렁소가 잘하지요." 하고 대답하였다. 그의 행동에 의아한 황희가 그 사연을 묻자 농부가 정색을 하였다.

"허어, 아무리 말 못하는 짐승이라도 제 잘못을 이야기하는데 좋아할 리 있겠소? 그건 선비가 아직 젊어서 잘 모르시는 말씀 같소이다."

짐승조차 그러한데 사람이야. 황희는 농부의 사려 깊은 언행에 감동을 받고 고개를 들 수 없었다. 농부만 한 스승이 없구나! 크게 깨달은 그는 이후 더욱 과묵하고 신중하게 처신하였다. 그날의 경험을 평생 교훈으로 삼고 실천하였으니, 태평성대인 세종 이후 후대까지 존경받는 황희의 모습은 결코 우연이 아니었다.

나는 소를 좋아한다. 소의 눈을 정면에서 똑바로 바라보라. 거기에 빨려드는 느낌이 든다. 언제나 촉촉이 젖은 눈엔 맑은 눈물방울이 맺힌 것 같다. 전생의 업보業報가 무엇이기에 '왜 하필 소로 태어났을까.'라는 하소연인가. 껌뻑거릴 때의 큰 눈은

겁먹은 것 같지만 전혀 두려움과 거짓이 없는 눈이다. 농부처럼 우직함과 진솔함이 그 눈에서 보인다. 사람 마음을 속속들이 들여다보는 듯하다.

쇠고기 파동으로 야기된 촛불집회가 이어지는 요즘이다. 촛불이 더위를 부채질하는지 날씨도 무덥다. 칠흑같이 어두운 난국에 빛을 밝혀주려는 불길일까. 식품안전에 대한 불안 때문만은 아니리라. 사회 전반에 대한 성찰이 절실하다. 백성의 소리에 더 귀기울여야 한다는 목소리가 높다. 신중하고도 긴 안목으로 원칙을 지키며, 뛰어난 조정력과 설득력을 지닌 황희 정승 같은 큰 인물이 아쉽다.

생명의 기운이 충만한 자연에서 농업으로 살아온 우리다. 자연과 농업만 한 스승이 어디 있으랴. 자연에는 조화로운 질서가 있고, 생명을 지탱하는데 농업은 필수다. 농업은 소중한 생명산업이다. 옛 선현들은 소와 농부에게서도 큰 깨달음을 얻었다지 않은가.

우직하고 진솔한 소의 눈에 작금의 현실이 어떻게 비칠지 궁금하다. 농심農心이 멍들지 않게 밭 가는 농부의 얼굴에도 밝은 빛이 비췄으면.

(2008. 6.)

제비가 그렇거늘

장마가 예년보다 빨리 찾아왔다. 녹음이 우거진 수목원은 새들의 세상이다. 장마철이라 먹이가 풍족해서 그럴까. 무슨 경사라도 난 듯 새들이 주위를 날아다니며 짖어댄다. 우리 집 제비들까지 끼어들어 온 동네가 더욱 요란하다.

제비는 총명한 새다. 자기 집을 해마다 찾아오는 귀소성이 있어 사람과도 친밀하다. 지난해 떠나갔던 녀석들이 어김없이 제 집을 찾아온 것이다. 안 오면 어쩌나 내심 걱정했었다.

긴 여정에서 돌아온 제비는 쉴 새 없이 둥지 보수를 시작한다. 물 찬 제비라는 말처럼 지칠 줄도 모르나 보다. 처음 둥지를 틀 때 못지않게 정성스럽다. 흙과 지푸라기를 열심히 나른다. 집을 지을 때보다 꽤 수월한 것 같다. 전선줄에 앉아 노는 모습이 자주 눈에 띈다. 보수를 다 끝내니 짖어대는 소리가 여유롭다. 가끔 숲 속에서 집 정원을 찾아오는 새들의 짹짹거리는 노래 소리와도 화음을 이룬다.

우리 집 정원에는 까치도 종종 놀러온다. 동네 숲 속 새들 중에 이 까치녀석이 대장이다. 얼마 전까지도 섬이어서인지 제주에는 한 마리도 없어 육지에서 들여온 새다. 온 지 몇 십 년도 안 되는데 많이 번식되어 터줏대감 행세를 하고 있다.

까치는 제비처럼 친숙하고, 길조라 하여 동네에서 까치를 함부로 괴롭히거나 잡는 일이 없다. 사람을 가까이하며 심지어 사람 흉내까지 낸다. 햇살이 반짝이는 아침, 나뭇가지에 앉아 노래를 부르거나 잔디 위를 아장아장 걷는 모습은 사랑스럽다. 보는 이의 마음에 여유와 편안함을 안겨준다.

한데 이 까치들이 급속히 불어나면서 농작물에 많은 피해를 주고 있다. 농촌에선 골칫거리로 등장한 지 꽤 오래다. 포악하고도 잡식성인 까치가 먹이사냥으로 자연생태계를 파괴하고 있다고 한다. 이제는 먹을거리가 떨어진 시골을 떠나 도심지로까지 몰려들어 애물단지라니, 까치 포획명령이 언제 떨어질지 모를 일이다.

요즘 아내는 제비둥지를 쳐다보는 게 일이다. 외출할 때는 물론 집에 돌아와서도 한참이나 올려다본다. 어떤 때는 약속시간에 늦을까봐 걱정될 정도다. 아내의 관심은 온통 그곳에 있는 것 같다. 그도 그럴 것이, 이 녀석들은 작년에 우리 집에 둥지만 틀고 강남으로 가버려서 얼마나 섭섭했던지. 그런데 다시 찾아 왔으니 반갑기 그지없다. 지금은 알을 품고 있으니 관심이 더 클 수밖에.

바깥활동을 하는 다른 녀석은 먹이사냥을 오가며 짖어대는 소리가 제법이다. 얼마나 기쁘면 저럴까. 지지배배 짖어대는 소리는 그들만의 사랑 표현인가 보다. 암놈과 수놈의 역할이 분명하고 먹이사냥 나들이는 함께 다니며, 부부애가 극진하다.

요전에 우리 집 제비가 하마터면 큰일 날 뻔했었다.

갑자기 다급한 목소리로 '짹짹, 짹짹' 사납게 울부짖는 게 아닌가. 평상시에 '지지배배' 하고 울 때와는 사뭇 다른 분위기였다. 제비 부부가 야단스레 소리치며 주위를 날아 맴돌면서 총 비상을 건 것이다. 도대체 무슨 일이기에 저렇게 울부짖는지 궁금하여 집 마당으로 얼른 나가 보았다.

탐욕스런 침입자가 제비둥지를 넘보는 중이었다. 정원에 가끔 놀러오는 까치였다. 어미제비는 알을 품고 있는 중인데, 덩치 큰 까치 한 마리가 나뭇가지에서 둥지 쪽으로 방향을 틀고 바로 달려들 태세였다. 서로 친구인데도 후안무치厚顔無恥한 녀석이다. 올 때마다 둥지의 알을 훔칠 기회를 노려온 게 분명했다.

상황을 보니 조마조마하다. 제비와 까치의 싸움 전초전이다.

제비가 포악한 까치의 침입을 막아낼 수 있을까. 누가 봐도 싱거운 싸움 아닌가. 혹시나 하는 생각에 흥미까지 당긴다. 마음을 달래며 조용히 지켜보기로 했다.

"인정머리없는 녀석, 엉뚱한 짓 마라. 돌아가지 않으면 가만두지 않겠다."

제비부부가 짹짹 소리를 지르면서 좌우에서 시위하며 침입자에게 경고를 보낸다. '도둑은 잡지 말고, 쫓아라.'는 말이 있듯이 제비의 1단계 전략이다. 싸우지 않고 이기면 최상이니까. 까치를 향해 날며 날카롭게 쪼아내듯 소리를 짖어댄다. 맹수처럼 야단스레 울부짖는다. 내지르는 소리에선 살기까지 느껴진다.

까치가 제비의 저돌성에 놀라 목련나무로, 감나무로, 집 담장 위로 몸을 요리조리 피한다. 제비는 동시에 공격하기도 하고 번갈아 공격도 한다. 쩔쩔매는 까치는 지붕 꼭대기로 꽁무니를 뺀다. 쏜살같이 빠른 속도로 제비들이 소리 지르며 좌우에서 지붕 위 까치에게 총공격을 감행한다. 제비의 합동작전이요, 속도전이다.

결국 까치가 두 손 들고는 숲 속으로 날아간다. 몸집도 크고, 악독하기로 소문난 까치가 줄행랑이다. 정원에 놀러오는 까치의 체면을 생각해서인지, 아니면 승리자의 관용에서인지 제비는 더 쫓아가지 않고 둥지로 돌아서고 만다.

제비 한 쌍이 대적할 자가 없다는 그 악독한 까치를 몰아낸 것이다. 방어라기보다 총공격이었다. 혈투 바로 직전에 침입자가 줄행랑을 놓아버려 싸움은 생각과 달리 싱겁게 끝나고 말았다. 제비의 완벽한 승리였다.

아찔한 순간이었다. 그 광경에 어찌 놀라지 않으랴. 까치가 맥을 못 추다니! 제비의 넘쳐나는 그 힘은 과연 어디에서 연유한 것인가. 도둑과 주인이라는 도덕적 정당성의 차이인지, '밑져야 본전'이라는 까치와 '지면 끝장'이라는 각오를 한 제비와의 싸움이어선지, 그도 아니면 약한 힘도 둘이 합쳐지면 생겨나는 가공할 위력 때문인지. 혹여, 종족 보존의 본능이 더 큰 작용을 한 건 아닐까. 그 힘은 바로 생명체 안에서 유기적으로 생성되는 총체적 울림의 산물이리라.

제비의 모성적 본능, 부부의 하나된 힘은 대단했다. 혼신의 힘을 다 쏟아낸 것일 거다. 왜 제비를 영물이라 하는지 이제 알 것 같다. 제비도 그렇거늘 종족을 보존하고 가정을 지킴에 인간이야 오죽하랴. 진한 감동의 물결이 가슴에 일렁인다.

제비의 다산多産은 풍요를 기약한다든가. 새끼를 많이 낳아주면 좋으련만.

(2008. 7.)

어느 날 포장마차에서

지난가을 우리 동네에 포장마차가 하나 생겼다. 이 포장마차엔 손님이 제법 북적인다. 겨울이 되니 장사가 꽤 잘되는 모양이다.

산행을 일찍 마치고 돌아오는 길에 포장마차에 들르니 주인이 반가워한다. 아주머니의 구김살없이 웃는 해맑은 모습이 포근한 오늘 날씨처럼 곱다. 언제나 친근감을 주는 아주머니다. 군고구마를 주문하고 우유 한잔을 마시니 그 맛이 옛 맛 그대로이다. 이 포장마차에 오면 옛 추억 속으로 빠져들곤 한다. 상처받은 아픔도 이제는 그리움으로 새롭다.

내 나이 서른 살 때 일이다. 유신정권시절이었다. 결혼 초 서귀포에서 아내랑 아들이랑 세 식구가 조촐한 단칸방 하나를 빌려 살았다. 가까운 거리에 직장 사무실이 있어 출퇴근은 으레 걸어서 다녔다. 오월 어느 날 아침 출근시간에 대문을 나서려는데 직장 선배 한 분이 찾아왔다. 나를 친동생처럼 아껴주는 선배였다.

그 선배는 "조용히 잠깐 할 얘기가 있어 찾아왔다."라고 하며 낮은 목소리로 "함께 나가자."라고 하였다. 불길한 예감이 들었다. 가까운 다방으로 갔다. 손님이라곤 우리 둘뿐이었다. 한참을 말없이 앉아 있다가 선배가 무겁게 입을 열었다.

"다른 직원들은 일주일 전부터 다 알고 있는데, 당신만 모르는 것 같다. 전국적으로 수백 명이 당하고, 제주에서만 수십 명에 이른다."

청천벽력과 같은 해직 소식이었다. 그 선배는 안타까운 표정을 지으며 혀를 찼다.

우리 직장에서는 전국적으로 두 달 전에 고구마 판매사업 전반에 대한 감사원 감사를 받았었다. 그 감사결과를 알려주는 것이었다. 이른바 '고구마 사건'이다. 수감기간에도 잘못을 느끼지 못하였던 일이다. 일주일 동안이나 모르고 출근하다니! 기절초풍할 일이었다. "당신 옆에는 한 사람도 없느냐."라며 아내는 한없이 목 놓아 울었다. 아내는 며칠 동안은 말없이 누워 있기만 했다. 나는 무슨 말을 어떻게 해야 할지 몰라 안절부절못하였다.

회원조합의 고구마 판매 사업이 농안법에 위배되게 취급되었다고 하여, 회원조합에 대한 지도책임을 물어 군조합장, 전무, 상무들을 징계해직시켰던 것이다. 제주도내 회원조합장들도 문책을 받아 해임되었다.

내 인생은 젊은 나이에 그 아픔을 가슴에 묻고 새로운 시련의 길을 걸어야 했다. 그해 9월 조그마한 판매 대리점을 하나 내었다. 종업원 셋에 운송차량 하나로 우유와 요구르트를 취급하는 장사를 시작했다. 내 모습이 얼마나 안쓰러워 보였을까. 직장에 같이 근무했던 동료들이 후원자요, 고객이 되어 주었다.

이전에 다녔던 직장과 동료들에 대한 고마움을 온몸으로 느꼈다. 직장에 다닐 적에는 동료나 고객의 고마움을 어찌 다 알랴. 마치 부모님이 돌아가신 후라야 그 은공을 깨닫는 것과 같다. 책임자로서 나는 고객에 대한 감사하는 마음이 중요하다고 하며, '고객을 친절히 잘 모셔라.'고 교육을 받았고, 또 직원들에게도 교육을 시켜왔다. 이제 되돌아보니 얼굴이 붉어진다. 장사를 하면서 느끼는 고객에 대한 고마운 마음은 장사해 본 사람만이 안다. 아침부터 밤늦게까지 무척이나 바빠진 것이다.

점포에서 멀지 않은 로타리 광장 옆에 포장마차가 하나 있었다. 군고구마와 호떡, 쥐포와 오징어도 팔고 우유와 요구르트도 취급했다. 우리 단골고객이었다. 포장마차 주인은 인근 주변청소도 혼자 다 맡아하는 부지런하고 친절한 아주머니였다.

"아저씨! 아저씨! 우유 한 상자하고, 요구르트 두 박스만 줘요."

먹어보라며 군고구마까지 주곤 했다. 판매 오가는 길에 가끔 들러 인사를 했다.

"장사 잘되시죠? 늘 고맙습니다. 불편한 점 있으면 언제든지 말씀만 하셔요."

누가 가르치거나 시키지 않아도 진심에서 우러나오는 고마운 마음에서였다. 나는 그때 인생을 조금씩 새롭게 배우기 시작했다. 전에 직장에서는 어린 나이에 상무가 되어서일까. 내가 똑똑하고 훌륭한 줄로만 알았었다.

삶의 현장에 뛰어들어 장사의 어려움을 피부로 느끼며 한숨을 쉬기도 하고, 고통에 목말라하며 부족한 나를 원망하기도 했다. 조그마한 장사도 이렇게 힘든데, 큰 사업가는 얼마나 힘들까라는 생각에 잠 못 이루는 밤이 많아졌다. '세상에 힘들지 않은 것이 어디 있으랴.'는 생각이 들기 시작했다.

시간이 흐르면서 변해가는 나의 모습이 스스로 놀라웠다. 사업경쟁이 어떤 것인지, 치열한 경쟁사회에서 어떻게 살아야 하는지 점차 배워가고 있었다. 감사하는 마음, 겸손할 줄 아는 자세, 바로 이것이로구나! 학교 선배의 권유로 사회 봉사단체에도 가입했다. 다른 사람들과 더불어 사는 건강하고 아름다운 세상이 조금씩 보이기 시작했다. 소속감도 생기고, 지역사회 인사들과도 친분을 가지게 되니 보람도 있고 장사도 제법 잘 되어갔다.

장사에 재미를 붙여가고 있었다.

그러던 1979년 시월 하순. 소위 '10. 26사건'이 발생하고 유신 정권은 막을 내렸다. 나는 직장 해직 동료 몇 명과 함께 '고구마 사건'과 관련한 징계해직 무효소송을 제기했다. 피를 말리는 고통 속에서 사 년 남짓이나 장사를 하며 소송을 맡아 수행하였고, 결국 승소하였다. 해직 무효판결을 받은 것이다. 그날도 아내는 말없이 눈물을 흘렸다.

"사필귀정事必歸正이다. 인간만사 새옹지마야!"

복직한 나를 위로해주며 반기는 직장 동료들이 눈물나게 고마웠다. 나는 복직하면서 직장에서 무슨 일을 맡기든 열심히 일할 단단한 각오로 새 출발하였다. 언제나 주위의 모든 분들에게 감사하며 살고, 그 힘들었던 시절을 항상 잊지 말자고 굳게 다짐한 재출범이었다.

직장에 복직한 그 후, 이십여 년이나 넘는 직장생활을 무사히 마치고 퇴직하였다.

퇴직 후 시간이 여유로워진 나는 가끔 산행을 즐기며 지나온 날들을 그리움 속에 되돌아보곤 한다. 감사하는 마음으로 직장 동료들이나 이웃과 더불어 살아왔는지. 얼굴이 화끈거리고 부끄러운 마음이다.

"아저씨, 건강하셔요." 하며 군고구마를 싸주는 아주머니의 미소를 보니 그 시절 포장마차 주인 얼굴이 떠오른다. 풍겨오는 구수한 냄새를 뒤로하고 포장마차를 나섰다. 겨울 하늘이 오늘은 유난히도 맑고 파랗다. 나이 60을 바라보며 걷는 나의 뒷모습이 저리도 맑고 고운 모습이고 싶다.

(2007. 1.)

추억의 타이타닉

주말의 영화를 나는 즐긴다. 오락물로써 영화만 한 게 없다는 생각에서다. 오래된 영화에는 추억이 있어 좋고, 마치 내가 영화 속의 주인공이 된 느낌이 든다. 지나간 것은 아름답기에 방송에서 재방영하는 명화를 보는 것은 취미 중의 하나다. 깊이 있고 마음에 와 닿는 영화를 녹화해 두었다 다시 보는 재미 또한 쏠쏠하다.

엊그제 언론보도가 영화 팬들에게 화젯거리다. 타이타닉(Titanic) 침몰 사고에서 살아남았던 생존자 중에 최후 생존자가 사망했다고 한다. 화제의 주인공은 당시 여객선이 빙산에 부딪혀 가라앉는 순간 침낭에 묶인 채 구명보트에 올려 살아난 생후

2개월의 갓난아기였단다. 그 밀비나 딘 아기가 이제 97세의 나이로 세상을 떠났다는 허전함과 아쉬움이 추억의 영화 〈타이타닉〉을 다시 보게 했다.

이 영화는 사랑의 피가 들끓는 젊은이로 우릴 몰아간다. '꿈의 배'라는 타이타닉호의 참사를 각색한 1997년 작품이다. 제임스 카메론이 감독하고 케이트 윈슬렛과 레오나르도 디카프리오가 주연을 맡아 로즈 드윈과 잭 도우슨 역을 연기했다.

해양 탐사대원들은 침몰한 타이타닉에는 영혼이 있다면서, 살아남은 로즈를 할머니 모습으로 영화에 등장시킨다. 곱고 아름다운 젊은 시절을 보내고 손녀와 외롭게 살아온 그녀다. 오랜 세월에도 그 추억들을 잊지 않고 고스란히 품안에 간직해온 그녀의 첫 고백으로 영화는 막을 올린다.

"처음 배에 탄 순간 나에겐 꿈의 배가 아니라 노예선이었다."

1912년 4월 어느 날, 타이타닉에 승선하는 순간에 로즈는 인생의 갈림길에 선다. 몰락한 귀족가문의 딸인 로즈가 미국으로 가는 타이타닉에 결혼할 남자와 같이 동승한 것이다. 기울어가는 집안을 살려보겠다는 어머니의 강요로 만난, 사랑하지도 않는 이 거만한 남자는 그녀를 역겹게만 한다. 파티와 무도회는 답답할 뿐이었다. 주위에는 상류사회의 꽉 막힌 사람들로 가득하고 그녀에겐 신경 쓰는 사람도 없었다. 그녀는 배에서 떨어져 죽으려고 자살을 시도한다. 얼마나 절망적이었으면 그길밖에 없었을까. 다행히 떠돌이 화가인 잭에게 발견되어 미수에 그친다. 이것도 모르고 딸을 유혹하려는 가난하고 못된 젊은이로 알고 잭을 징그러운 벌레 보듯 하는 로즈의 어머니는 참 야속했다.

"나 생각 바꿨어요."

극적으로 살아난 로즈의 인생행로가 바뀐다. 인간의 내면세계를 들여다볼 줄 아는 자유분방한 화가 잭에게 호감을 느끼고 미국에 도착하면 둘이 함께 살기로 약속한다. 삶이라는 운명 앞에서 순간순간을 소중하게 살자는 다짐이었다.

"새처럼 날고 있어요. 저 하늘로 높이!"

로즈가 감격한 듯 소리친다. 흰 물결 일렁이는 바다를 가로질러 달리는 타이타닉 뱃머리에 올라선 그녀의 양팔을 잭이 뒤에서 활짝 벌려 받쳐들자, 행복을 느낀 여인이 붉게 타오르는 태양을 향한 꿈과 희망의 환호였다. 하지만 이것은 마지막 태양이었다. 죽음의 먹구름이 덮쳐오는 것을 누가 알았으리.

운명의 그날 저녁, 여객선 타이타닉과 빙산의 충돌사고가 어둠이 깔린 대서양 바다에서 일어난다. 물이 차올라 배가 침몰하게 되어 승무원들은 여자와 어린이를 먼저 보트에 태우며 구조활동을 시작하지만 장비가 턱없이 부족해서 다 싣지 못한다. 이에 아랑곳없이 바다는 거대한 여객선을 서서히 삼켜버렸다. 차가운 바다에서 간신히 한 조각 널빤지를 붙든 로즈와 잭이 가엾고 안타깝다.

"사랑해요, 잭!"

"작별인사 따윈 말아요. 꼭 살아남겠다고 지금 나랑 약속해요, 로즈!"

죽음보다 더 강한 게 사랑인가. 칠흑 같은 절망의 순간에도 잭은 로즈를 격려하다 숨을 거두지만, '내 맘에 그가 있어 두려울 것 없다.'며 그녀는 필사적으로 호루라기를 불어 살아있음을 알려 구조요청을 한다. 다행히 구사일생으로 구출된다.

"여자의 마음은 깊이를 알 수 없는 바다다. 잭은 내 추억 속에만 존재한다."

생존한 로즈 할머니는 이때껏 손녀에게 감춰오다 변명 아닌 한마디를 한다. 그녀는 연인 잭이 배에서 자신을 맞는 상상 속에 사랑의 추억을 회상하며, 그의 영혼을 달래주려는 듯 보석목걸이를 바다에 던지는 장면에서 대단원의 막을 내린다.

타이타닉은 세계 제일의 호화여객선이라는 이름만큼이나 명화라는 명성을 얻었다. 아카데미상 최다부문을 수상했고 다시 보고 싶은 영화 중에서도 으뜸이다. 흥행에서도 세계적인 기록이었다. 그리도 관객을 끄는 연유가 어딘가에 있을 법하다.

사람의 향기가 물씬 풍기는 인간애가 담긴 영화다. 뛰어난 연기력을 가진 배우들이 귀족과 평민으로 출연한데다, 그들의 개성이 대조적이고 다양하면서도 인간적인 게 마음을 당겼다. 픽션이 아닌 사실을 각색한 영화이어서 긴장감이 넘치고 흥미로웠다. 감미로운 음악에 정교한 특수효과를 곁들인 영화예술의 진수라고나 할까. 배가 침몰하는 급박한 상황에서도 마음의 평온을 찾도록 승객을 위해 연주하는 오케스트라 단원들, 기도하는 성직자는 퍽 인상적이었다. 제 목숨은 포기한 채.

무엇보다 주인공인 방랑자 잭과 미인 로즈는 젊음의 피가 끓도록 나를 매료시켰다. 순간을 소중히 여기는 매력적이고 활기 넘치는 잭은 생의 마지막 순간에도 사랑하는 여인을 지킨다. 엄격한 규율과 예절을 원하는 상류사회에 숨막혀 하는 청순하고 가식 없는 로즈와 청년 잭의 순수한 사랑이 찡하게 가슴을 울렸다. 목숨까지 다 바치는 젊은 남녀의 감동적인 사랑에 누구든 빠져들지 않을 수 있으랴.

문득 함석헌님의 시 〈그 사람을 그대는 가졌는가〉의 한 구절이 떠오른다.

> 탔던 배 가라앉을 때 구명대를 서로 사양하며
> "너만은 살아다오" 할 그 사람을 그대는 가졌는가.

추억의 명화 〈타이타닉〉, 또다시 보고 싶은 영화다.

(2009. 6.)

딸의 결혼을 앞두고

우리 집 감나무에 손님이 찾아왔다. 까치들이다. 반가운 손님이라 창문을 활짝 열었다. 열린 창문으로 봄 향기가 집안 가득 밀려온다. 싱그러운 아침이다.

전화벨 소리가 요란하다. 아내가 집안 청소를 하다 말고 전화기를 든다.

"그래, 잘 되었구나. 언제? 오늘 온다고?"

전화 받는 아내의 목소리에 반가움이 넘쳐난다. 대전에서 직장생활을 하는 딸로부터 걸려온 전화였다.

"얼굴이 밝아 보이는데, 무슨 좋은 소식이 있소?"

묻는 질문에 아내는 나를 바라보며 빙그레 웃는다. 오랜만에 얼굴에 웃음이 가득하다. 마루 걸레질하는 손놀림이 빨라진다. 미리 알고 청소라도 하는 듯이.

요사이 아내는 몸살을 앓을 정도로 정신없이 바쁜 나날을 보내왔다. 모든 어머니가 그러하듯이 딸 결혼을 앞두고 혼수를 마련해주랴, 가사 챙기랴, 매우 힘든 나날의 연속이다. 말을 건네도 "당신은 복 좋은 사람이니 가만히 보고만 계셔요."라고 퉁명스럽다. 딸 결혼일이 가까워지면서 신경이 예민해졌음에 틀림없다. 그런데 오늘은 예전과 달리 꽤 부드럽다.

예비사위가 군 신병훈련을 마치고 근무지로 배치되는데, 희망하는 데로 가게 될 것 같다고 한다. 아마 딸이 직장생활을 하고 있는 대전 가까운 데서 근무하게 될 모양이다. 신혼생활에 큰 지장이 없게 되었다는 딸의 전화에 아내가 기쁨을 감추지 못하고 있다. 딸과 예비사위가 고향에 오면 무슨 얘기를 해줄까 곰곰이 생각하노라니 옛일들이 떠오른다.

스물일곱 살 총각 때의 일이다. 어릴 적에 부모를 여읜 나는 누님을 의지하고 객지에서 직장생활을 하던 때였다. 무더운 여름 어느 날, 여자 친구로부터 집에 한번 놀러 오라는 전화가 왔다. 뜻밖의 제안이라 무척 당황했다. 혼자 가기가 쑥스러워 절친한 친구를 대동하고 여자 친구네 시골집을 방문했다.

한적한 시골에 있는 그녀의 집은 과수원이 있는 아담한 농촌 주택이었다. 그녀의 부모는 물론, 식구들이 기다리고 있어 내심으로 깜짝 놀랐다. 안방으로 안내를 받아 문지방을 넘어서며 바라보니 '보다 나은 내일을 위해 오늘 하루를 알차게 살자'라고 쓴 액자가 벽에 걸려 있었다.

그녀의 아버지는 한복을 입고 안 자리 가운데 앉아 있어, 큰절을 올리고 이름을 알리며 인사드렸다. 미소를 머금고 나에게 답례하는 모습이 품위가 있는 어른이었다. 내가 조심스레 무릎을 꿇고 앉자 함께 간 친구도 옆에 앉았다. 가족들은 마루에 앉았고 미닫이문이 닫히자마자 내게 물었다.

"딸로부터 자네 이야기 들었네. 자네 인생관이 무엇인가?"

"……."

앉아서 고개를 들기도 전에 받은 첫 질문이었다. 셋이 앉은 방안에 무거운 침묵이 흘렀다. 사실 그때까지 인생관에 대해 깊이 생각해 본 적이 없었다. 예상 못했던 질문이라 무척 당황하였다. 그날 사윗감 시험은 이렇게 시작되었다. 나를 응시하는 어른의 눈매가 날카로웠다.

질문이 계속되었다. 아침 몇 시에 일어나는지, 숭배하는 인물은 누구이며 왜 숭배하는지, 일기와 금전출납부는 쓰는지, 감명 깊게 읽은 책은 무슨 책이며 어떤 내용이고 왜 감명을 받았는지, 직장과 일상생활, 가족사항과 교우관계 등 쉴 틈 없이 쏟아지는 질문 공세에 진땀을 흘렸다. 어떻게 대답할까를 생각할 여유가 없었다. 대부분 대답하기 어려운 주관식 질문이었지만 순간순간

솔직하게 대답했다. 나의 정체성이 백일하에 드러나는 순간이었다. 그녀의 아버지는 나의 모든 걸 알아내려는 생각을 지니고 있는 듯했다.

에어컨은 꿈도 못 꾸던 시절이었다. 두 시간이 넘게 찜통더위에 문까지 닫아놓고 치르는 시험이라 더욱 숨이 막혀왔다. 마루에 있는 가족들의 말소리도 들리지 않았다. 긴장하고 모두 듣고 있는 듯했다. 옆에 앉은 친구도 곤혹스러웠던지 말 한마디 없이 땀만 훔치고 있었다. 아버지는 벽에 걸린 액자를 가리키며 '인생관'에 대한 말씀을 끝으로 시험 질문을 마쳤다. 물 한 모금, 차 한 잔도 마시지 못하고 기합 받듯이 치른 시험이었다.

돌아오는 길에 친구는 아무 말이 없었다. 그는 혼자 고개를 갸우뚱하며 무슨 생각에 골몰하는 듯했다. 자기 일처럼 결과를 예측해 보고 있는 것일까. 그날은 내 일생에서 중요하고도 긴긴 하루였다. 점심을 굶어서인지 견디기 힘든 여름날이었다.

그 후 3개월이 지나 합격 통보를 받았다. 내 인생의 동반자가 결정된 것이다. 사위시험에 합격한 기쁨이 컸다. 우리는 다음해 정월에 결혼하였다. 아내가 아이를 낳으니 장인어른의 기뻐함은 이만저만이 아니었다. 외손을 사랑하시던 그 모습이 지금도 눈에 선하다.

온 정성을 다해 기르고 가르쳐 온 딸을 시집보내려는 부모 마음이 어떠했을까. 사윗감이 조실부모早失父母한 낯선 젊은이기에 얼마나 미심쩍었을 것인가. 사윗감을 고르려고 시험관으로 직접 나섰던 장인어른의 마음을 이제 와서야 알 것 같다.

요즈음 아내의 얼굴에서 쓸쓸하고 공허한 표정이 보인다. 딸을 출가시키려는 내 마음도 서운한데 아내의 마음이야 오죽하랴. 내 눈가가 따뜻해온다. 마음을 비워낸 듯 태연한 말투로 '자식은 언젠가 부모 곁을 떠나야 한다.'는 게 만고萬古의 진리 아니냐며 아내를 달랬다.

푸름이 싱싱한 오월이면 딸이 시집을 간다. 새 식구로 사위를 맞이할 생각을 하면 기쁜 마음이 앞선다. 오늘 만나면 후한 점수에다 뿌듯한 내 마음을 전하고 싶다. 딸을 맡기는 홀가분하고도 서운한 마음은 깊숙이 감추련다.

창밖에 까치 소리도 정겹다.

(2007. 5.)

억새꽃 핀 들녘에서

얼굴을 스치는 찬바람이 제법 맵다. 가을이 깊어갈수록 진한 그리움이 안으로 파고든다. 마음은 아직 청춘인데, 계절에 대한 느낌이 해마다 달라지고 외로움마저 친구처럼 익숙해진다. 생뚱맞게 가을 속에 슬그머니 눕고 싶은 충동이 일기도 한다. 가을은 남자의 계절이어서 그럴까.

제주의 산과 들녘엔 억새꽃으로 하얀 가을이 펼쳐지고 있다. 맑은 하늘 아래서 산들바람을 만난 억새꽃이 물결을 타고 흥겨운 춤을 춘다. 억새들이 손을 흔들며 반갑다고 소리를 낸다. 가을햇살이 눈부시게 비치는 억새 꽃길을 혼자 걷고 있다.

억새꽃이 피면 나는 고향 들길을 찾는다. 사색하기에 적요寂寥

함이 좋고 마음을 잡는 풍경이 좋아 그리움 속을 홀로 걷는다. 억새꽃의 빛깔과 속삭이는 소리는 시시때때로 다르다. 억새꽃 물결치는 장관을 보노라면 마음이 맑고 순수해지며, 제주 여인의 모습을 닮은 억새와 더불어 한평생 살다 간 어머니의 삶이 떠오른다.

스무 살에 시집온 새댁은 억새꽃 피는 이 들녘에서 가난과 씨름하며 어려운 농사일을 젊음으로 이겨내며 살았다. 이슬 머금은 억새꽃이 아침햇살을 받아 불그레한 구릿빛 아름다움을 발하듯, 새댁은 꿈과 희망이 넘쳐흐르는 당차고 고운 여인의 모습으로 젊음을 발산했을 게다.

자식 낳고 시부모 모셔 살던 그 여인의 중년시절은 억새꽃 본래의 빛깔인 야성미가 넘치는 은빛 같았다. 한낮이면 억새꽃이 푸른 하늘 밑에서 은빛 구름나라를 펼치듯이, 그 여인은 자녀들과 행복한 삶을 위해 땀 흘리며 살았을 것이다. 늦둥이로 낳은 아들을 금이야, 옥이야 하며 키웠다고 한다. 그 시절 종갓집 며느리는 아들을 낳아야 그 의무를 다하는 것이라 했다니 가난마저도 큰 문제는 아니었던가 보다.

억새꽃 핀 들녘은 약한 바람에는 평온한 모습이지만, 거센 바람에는 성난 파도처럼 소리치며 출렁거린다. 여인은 출렁이는 노도처럼 험한 삶을 이를 악물고 혼자 헤쳐 나가야 했다. 은빛바다 같은 억새꽃 들녘을 날개를 달고 날아가듯 당당하게 살았다고 한다.

태양은 오늘도 뜨고 진다. 서산을 넘어 바다로 질 때면, 억새꽃은 노을을 머금으며 온 들녘을 황금빛으로 물들인다. 밭일로 뼈가 굵은 그 여인은 억새밭 일터에서 자녀들에게 노동의 소중함을 가르쳐 주던 엄한 여인이었다. 그녀는 힘들게 살아가면서도 자녀들에게 힘든 모습이나 섭섭한 마음을 보인 적이 결코 없었다. 그 모습은 황금빛을 머금은 억새꽃 같았다고나 할까. 사랑과 지혜, 모든 것을 남겨주고 떠난 그 여인의 삶은 억새꽃이 피면 생생하게 되살아난다. 그리운 어머니의 모습이 억새꽃 저 멀리서 곱게 비쳐온다. 우두커니 선 채, 억새꽃 핀 들녘을 바라보노라면 한없이 외로운 상념에 젖어든다.

억새는 군락群落을 이루어 산다. 서로의 정을 속삭이며 생의 희열과 보람을 맛보려 그런 것일까. 억새는 다정다감하다. 혼자만은 살 수 없어, 공동체를 만들어 집단생활을 하는 억새는 인간과 닮은 꼴이다.

억새는 세월에 아랑곳하지 않고 불어오는 바람과 뜨고 지는 태양에 몸을 내맡긴다. 잔잔히 부는 바람에는 순한 양 같으나, 빠르게 휘몰아치는 바람 앞에는 질풍노도의 평원을 달리는 야생마 같다. 아침저녁, 형형색색으로 빛깔이 변하는 억새꽃은 화려한 옷으로 멋을 내는 여인이라고나 할까. 자연에 제 몸을 내어맡기고 자연에 순응하며 더불어 살아가는 억새가 겸손하고 지혜롭다.

겉으로 보면 쓸모없이 보이는 억새도 알고 보면 쓰임새가 아주 많다. 하얀 억새꽃은 잘 말리면 불씨를 간직하는 화승火繩이 된다. 어린 시절, 불씨가 귀하던 때에는 억새꽃은 말려서 집집마다 유용하게 쓰였다. 억새꽃화승은 타는 속도가 느리고, 비바람에도 잘 꺼지지 않는다. 농촌에서 마소를 돌보러 나가거나 밭일을 갈 때 불씨를 보관하는 화승은, 지금의 휴대용 라이터처럼 필수 지참물이었다. 사람들의 삶의 숨결이 배어 있는 억새는 요즘, 공예품이나 꽃꽂이 등 다양한 생활용품 재료로 이용되고 있다. 보잘것없는 것처럼 보이는 사람도 알고 보면 세상에서 가장 귀한 존재이듯 억새에서 생의 존재 가치를 새롭게 느낀다.

바람 부는 억새밭에 홀로 서 있는 나를 바라본다. 가차없는 세월의 흐름이 나를 오늘 이 시점까지 데려왔다. 삶의 길에서 만났던 온갖 환난과 기쁨들이 억새꽃 물결 따라 서서히 밑바닥으로 가라앉고 있다. 그 물결 속으로 빠져들고 싶은 충동처럼 염치없이 몰려드는 이 그리움과 외로움을 어찌하랴. 바람 앞에 흔들리는 희끗한 머리카락이 억새인지 머릿결인지 분간할 수조차 없다.

한낮에 온 들녘을 은빛으로 수놓던 억새꽃은 지는 노을 따라 황금빛으로 가을을 서서히 물들이고 있다. 스러져가는 황혼이 처연하다. 억새를 흔들며 지나는 찬바람은 내 옷깃을 여미게 한다. 억새가 부딪히며 내는 소리는 어쩐지 구슬프다. 세월의 흐름에 대한 아쉬움과 서글픔을 서걱서걱 소리로 토해내려 하는 것인가. 바람에 흔들거리는 억새가 어깨를 들썩거린다.

가을이 억새꽃 물결 위로 흘러가고 있다. 결실과 상실을 간직한 채.

(2007. 11.)

친구의 안부전화

"선배님, 잘 계시죠? 오랜만입니다."

우리 동네에 사는 친구로부터 걸려온 전화다. 그는 아내와 해외 나들이를 하고 왔는데 내 안부를 묻고는 오늘 저녁식사를 함께하자고 한다. 부부 동반해서 식당으로 나오라는 것이다. 전화로 들려오는 목소리가 유난히 맑고 밝다. 한데 나는 며칠 전 일이 생각나 잘못을 저지른 사람처럼 얼굴이 홍당무가 된다.

퇴직한 후, 평생 살 집을 어디에 마련하느냐가 나에게는 중요한 관심사였다. 아무래도 주변 환경이 우선이게 마련이어서 지금 사는 이 동네에 주택을 마련하고 이사 온 지가 몇 년째다. 이 동네는 시 외곽 지역이라 공기도 맑고 수목원이 집 앞에 있어 산책하기에도 좋다. 나이가 들수록 동네에 벗이 있어야 하는 건 필수다. 이웃사촌처럼 취미가 같은 친구, 자기를 이해하는 친구가 한 동네에 산다는 것은 얼마나 좋은 일인가. 오늘 전화 걸어온 그 친구가 같은 이 동네에 살고 있다.

그는 같은 직장에서 30여 년을 함께 근무하며 동고동락同苦同樂한 친구인데, 직장 초년생 시절부터 절친하게 지내는 사이다. 내가 연상年上이어서 그는 나를 선배로 부른다. 이웃에 그가 있어 얼마나 든든하고 기쁜지.

친구네 집은 우리 집에서 불과 몇 백 미터 떨어진 거리에 있다. 그렇긴 하지만 부부 두 식구만 사는 집을 찾아가는 일은 드물다. 어쩌다 한번 집에 찾아간다고 하면 집안 청소다, 가구 정리다 야단법석이니 집으로 놀러가기가 사실 부담스럽다. 종종 전화나 이메일로 소식을 묻고 안부를 전하곤 한다. 운동을 함께 가거나 식사를 같이할 때는 전화로 미리 약속하고 밖에서 만난다. 같은 동네에 살기에 좋은 일이 한두 가지가 아니다. 모임에 참석할 때도 서로 벗해서 같이 다닌다. 전화나 메일이 있으니 불편함이 없다.

지난해 12월, 그 친구가 서울 병원에서 목 디스크 수술을 받았다. 수술 후 목에 깁스를 해서 꼼짝없이 집에서 두 달 이상이나 고생한 것이다. 그는 잘 참아내었고, 상태가 좋아져 올봄에는 깁스를 풀었다.

그동안 집으로 여러 번 찾아가고 싶었으나 꾹 참았다. 벗에게 불편을 주는 게 도리가 아니라고 생각해서다. 자기의 힘든 모습을 보이고 싶어 하지 않는 그의 마음을 잘 알기 때문에 간혹 메일이나 전화로 소식을 전하는 게 고작이었다.

친구가 깁스를 풀고 난 어느 날, 축하하기 위해 식사를 하는 자리가 마련되고서야 비로소 그를 만났다. 그의 핼쑥한 얼굴을 보니, 말은 안 해도 그동안의 고생을 알 만했다. 앞으로도 삼 개월 정도는 더 휴식을 취하며 몸을 관리해야 한다고 했다. 무척 안쓰러웠다. 식사 중에는 자연스레 건강문제가 화제일 수밖에.

오월 어느 날, 그 친구에게 '내일 점심식사 함께하는 게 어떤가? 답장 바라네.'라는 내용의 메일을 보냈다. 다음날 아침 메일을 열어보니 답장이 없는 게 아닌가. 그는 메일을 열어보지도 않은 것이다. 기다리다 지쳐 휴대전화로 연락해 보았으나 응답이 없었다. 집 전화로 걸어도 마찬가지였다. 별일 없겠거니 생각하며 하루를 보냈다. 다음날도 연락이 전혀 안 되었다. 자기들만의 일이어서 알리기엔 좀 멋쩍은 일이 있었나. 쑥스러움이 끼어들 만큼 우리 사이에 거리감이 있는 건 아닌지 의구심까지 생겼다. 그러노라니 갑자기 불길한 생각이 나를 엄습해왔다. 병이 더 악화되어 서울 병원으로 간 것은 아닐까. 혹시 무슨 사고가 난 것을 나만 모르는 건 아닐까. 점차 초조해지면서 소식이 있기만을 기다렸다.

소식 없이 또 하루가 지났다. 이제는 친구 걱정보다 내 걱정이 앞섰다. 내겐 친구의 건강이나 안부가 더 이상 문제가 아니었다. 정말 나는 그의 가까운 벗이 맞는 걸까. 남들이 나를 어떻게 볼 것인가. 같은 동네에 살면서 친한 사이인데도 벗의 안부도 모르고 산다는 주위의 비난이 몹시 두려웠다. 안절부절못한 채 친구의 소식을 수소문하느라 한동안 애가 탔다. 하루가 여삼추如三秋였다.

며칠 후에야 그 친구의 시집간 딸로부터 소식을 들을 수 있었다. 그들 부부가 해외여행을 간 것이었다. 휴~우 하고 한숨이 나왔다. 벗의 안위를 위함이라기보다 나를 위한 안도의 한숨이었다. 그동안 친구의 건강이나 안부를 걱정한 게 아니라 오로지 내 체면만을 걱정한 거다. 내 이기심과 내면의 본성에 깜짝 놀라지 않을 수 없었다. 문득 어느 교수의 법구경法句經 강의에서 들은 '두 스님의 이야기'가 떠올라 마음이 무거웠다.

두 스님이 산길을 걸어가고 있었다. 제자 스님이 배가 고파서 도저히 걷지 못하겠다고 스승 스님에게 호소한다. 고개를 넘자 그들 앞에 참외밭이 나타난다. 스승 스님은 제자 스님에게 저기 가서 참외를 몇 개 따오라고 지시한다. 워낙 배가 고팠던 제자 스님은 주인 모르게 밭에 숨어들어 참외를 딴다. 그 순간 스승 스님이 "도둑이야!"라고 외친다. 주인이 달려 나오자, 제자 스님은 죽어라고 뛰어 달아난다.

두 스님은 한참 후에야 서로 만난다. 스승 스님이 물었다.

"조금 전에는 배가 고파서 한 걸음도 걷지 못하겠다고 하더니, 지금은 잘도 달리는구나. 조금 전의 네가 너이더냐, 아니면 잘도 달리는 지금의 네가 너이더냐?"

이 가르침의 말씀은 참으로 나를 두고 한 얘기 같다. 가까운 친구의 안부를 몰라 애태우며 친구의 안위를 걱정하는 내가 아니라, 어느 순간에 자기 체면만을 생각하는 내가 아니던가. 나의 내면에 존재하는 진정한 나의 모습은 무엇인가. 얼굴이 화끈거린다. 아직도 사람됨이 멀었나 보다.

저녁에 그 친구를 만난다. 부부가 함께하는 식사 자리이어서 부끄럽긴 하지만 지난 며칠간의 일을 고백할 테다. 다 털어놔야 시원할 것 같다.

내 마음을 벌써 아는 걸까. 봄비가 세차게 쏟아지고 있다. 창문을 때리는 빗소리에 속이 후련하다.

(2007. 5.)

제4부

딩동 벨 여인

활짝 핀 산철쭉

운무가 자욱이 내려앉은 한라산이다. 초여름 아침, 영실 입구는 다른 날보다 한산하다. 평일이어서 그런가. 안개가 채 걷히지 않은 산은 적막하기까지 하다. 녹음 짙은 산속의 이름 모를 새들이 요란스런 지저귐으로 사방에서 반긴다. 안개 속의 길을 안내하는 계곡 물소리도 맑고 시원하다.

돌다리를 건너 계곡 따라 산길을 오른다. 땀이 몸에 배이고 이마에선 땀방울이 흐른다. 안개가 어깨를 감싸며 호흡을 조절해준다. 심호흡을 하자 싸한 아침 공기가 몸속으로 스며든다. 마음속의 오염도 함께 씻어주려나 보다.

가파른 경사여서 숨이 차고 힘도 부치다. 이를 악물고 나를 시험하듯 쉬지 않고 오른다. 주저앉고 싶어도, 쉬고 싶어도 그럴 수 없었던 살아온 날들을 떠올린다. 그 길은 이 등산길처럼 힘들었지만 넘어야만 하는 나의 길이었다. 생각이 이에 미치는 순간 고통이 어디론가 사라져버린다. 채우려고만 했던 마음이 비워진 느낌이다.

한참을 오르노라니 안개가 서서히 걷히기 시작한다. 눈앞에 푸른 산야가 펼쳐지며 영실계곡이 한눈에 밟힌다. 아래로는 안개구름이 바람결 따라 여유롭게 흐르고 있다. '신령들이 사는 정원'이라고도 하는 영실계곡은 기암괴석이 진수眞髓다. 계곡을 휘두른 병풍바위의 틈새마다 피어난 붉은 꽃들 또한 환상적이다. 영주십경瀛洲十景 중에 영실기암靈室奇岩을 첫째로 꼽는 이유를 알 것 같다.

큰 바위에는 등산객 몇몇이 앉아 쉬고 있다. 나도 짐을 풀고 구상나무 아래 바위에 걸터앉았다. 턱 밑으로 내려다보이는 영실계곡이 깊고도 깊다. 바위에 앉아 계곡을 바라보는 모두가 둘러쳐진 병풍바위처럼 묵언默言의 표정이다. 장엄한 풍광에 취해서일까. 아니면 계곡의 신비스러움에 빠져든 것일까.

구상나무 숲을 지나니 조릿대 군락지이자 초원지대인 선작지왓이다. 저 너머 우뚝 서 있는 백록담이 장엄하다. 안개는 온데간데없고 여름햇살이 폭포수처럼 쏟아져 내린다. 눈앞에는 활짝 핀 산철쭉이 초원을 붉게 물들이고 있다.

철쭉꽃은 회한悔恨의 눈물이라던가. 전설에 따르면, 옛날 아들 오백 명을 둔 설문대할망이 자식들에게 먹일 죽을 쑤다가 그만 가마솥에 빠져 죽었다고 한다. 그런 줄도 모르고 배고픈 자식들은 그 죽을 맛있게 먹었는데, 나중에야 솥에서 뼈를 발견하고 어미인 줄 알게 된다. 비통한 슬픔에 빠진 자식들은 시간이 지나자 영실 기암괴석인 오백장군 바위로 변하고 만다. 자식들이 회한으로 흘리는 피눈물은 떨어져 영실계곡을 핏빛으로 물들였는데 그게 철쭉꽃이라고 한다. 철쭉꽃이 조릿대와 어우러진 산야의 초원이 한 폭의 그림 같다.

산죽山竹이라고도 부르는 난쟁이 대나무인 조릿대는 군락을 이뤄 산다. 일생에 한번 꽃을 피우며 열매를 맺은 후에는 군락 전체가 말라죽는 특징이 있지만, 이곳에서는 집단 고사현상이 아직까지 없다. 생에 한번 피는 꽃이라서 그 꽃이 언제 어디서 필지를 아무도 모른다.

한라산에 조릿대 군락지가 급속히 확산되고 있다. 지구의 온난화로 서식지가 오름과 초원지대에서 점차 고지대로 번져 걱정이 크다. 산에 자생하던 시로미, 한라구절초 등 여러 식물들이 멸종 위기다. 이대로 가면 얼마 없어 백록담을 중심으로 광활하게 펼쳐진 눈향나무 군락까지 사라질 위험에 처하게 된다니 그 기세를 짐작할 만하다. 조릿대는 이곳의 식물군상을 파괴하는 골칫거리가 되고 있다.

한데 조릿대 군락은 순기능도 있다. 야생동물에게는 좋은 서식처를 제공하고 강우나 강풍, 폭설 등으로 우려되는 토양유실도 막아준다. 이곳 초원에서처럼 철쭉과는 궁합도 맞는지 잘 어울린다.

등산길 조릿대와 철쭉이 불현듯 마와 쑥을 연상시킨다. 마중지봉麻中之蓬이라고 '마밭에 난 쑥은 마만큼 큰다.'란 말이 있다. 원래 쑥은 키가 한 뼘도 못 되지만 삼밭의 쑥은 마만큼 자랄 수 있다는 얘기다. 경쟁하며 쑥이 스스로 자란다고 한다.

조릿대 군락 위로 날 보란 듯이 철쭉들이 붉은 꽃을 활짝 피워냈다. 철쭉꽃과 조릿대가 어우러져 멋스럽다. 꽃을 피우기까지는 조릿대만 보이고 터줏대감인 철쭉은 잘 보이지 않았었다. 조릿대에 밀려 다 사라졌는가하고 의심할 정도였으니까. 조릿대를 맞아 서로 경쟁을 했는지, 키가 작달막하던 철쭉이 전보다 훨씬 커진 게 아닌가. 강인한 그 생명력에 놀라지 않을 수 없다.

산철쭉의 포용과 어울림이 눈물겹다. 회한의 눈물을 안 보이려 변화를 받아들여 환경에 적응한 것이리라. 경쟁에서 살아남은 철쭉이 침입자인 조릿대와 어우러져 산야를 곱게 수놓았다. 철쭉의 쓰라린 고통과 피눈물 나는 노력이 느껴진다. 주인이 침입자를 포용하고 감싸 안은 격이라 할까. 산철쭉을 조릿대가 감히 어쩌랴. 포용하는 자 앞에는 적이 없게 마련이다. 설령 적이 있더라도 두 손 들고 말 터이다.

초여름의 등산길, 모질게 피어난 산철쭉이 눈부시게 아름답다.

(2008. 6.)

딩동 벨 여인

지난 초봄에 새로 단장한 동네 숲길이 인기다.

수목원 숲길에 들어섰다. 녹음 방창하고 풀꽃 향기 풍겨나는 숲길에 아침햇살이 쏟아지니 딴세상 같다. 싱싱하고 푸른 관목과 어우러진 길가의 장미꽃에 눈길이 머문다. 장미가 화려하게 오월을 빛내고 있다. 앙증맞은 풀꽃의 손짓에 뒤질세라 여인처럼 바람에 하늘거린다. 그 몸짓에 내 마음까지 흔들리고 있다. 얼마 전 여행의 여진이 아직 남아서일까.

제주에서 직항로로 날아간 중국 여행길이었다. '신종플루' 걱정에도 불구하고 계절이 봄이어서인지, 일행은 백여 명이나 되었다. 대부분 서로 안면이 없어 홀가분하고도 자유로운 여행이었다. 사박오일 일정이 '너무 짧다'할 만큼 아쉬움이 남았다. 거둘수록 수확을 더 얻고픈 게 인간의 욕심일 터이다. 눈길을 끌었던, 함께 여행한 아름다운 어느 여인의 모습이 떠올라 벌써 추억으로 새롭다.

여행 첫날, 심양에 도착한 것은 자정이 넘어서였다. 숙소인 호텔은 엘리베이터가 두 대인데도, 사람들이 한꺼번에 몰려 아우성이었다. 한국인의 조급한 기질에다 늦은 시간이어서 서비스조차 기대에 못 미쳤다. 우리는 늦게 탔는데, 중년인 Y여인이 맨 나중에 오르자 '딩동' 하고 도어벨(door bell)이 울렸다. 그녀는 단둥丹東에서도 또 다른 곳에서도 마찬가지였다. 기다리다 마지막에야 엘리베이터를 탔고, 그녀가 타면 벨이 울리는 것이었다.

"그녀가 타면 '딩동' 벨이 울린다."

여행하는 일행 사이에 '딩동' 벨 소문이 꽃향기처럼 퍼져나갔다. 그녀는 품위 있고 멋스러운데다 말수조차 적고 겸손한 여인이었다. 식사 후 차를 주문할 때도 조용히 앉아 있다 맨 뒤에 주문했다. 버스를 타고 내릴 때도 나중이었다. 자연스레 '딩동 벨' 여인에게 이목이 집중되었다. 그녀의 몸에 배인 양보와 겸손이 모두의 마음에 출렁출렁 감동의 물결을 일으켰다.

뛰어난 미모에 겸양지덕謙讓之德은 금상첨화가 아닌가. Y여인은 아름다웠다. 마치 눈길을 붙잡는 장미꽃 같았다고 할까. 아니 중년여인에게서 풍기는 훈훈함이 있어 꽃보다 더 아름답고 향기로웠다. 가까이 다가가고픈 느낌이었다.

가볍게 들고 간 마음의 가방에 소중한 여행선물을 담고 온 셈이다. 배움에 끝이 없듯이 인생 자체가 배움과 여행의 연속이라고 그랬지. Y여인이 보내는 신호일까. '딩~동!' 하고 울리는 벨소리가 마음속 깊은 곳에서 은은히 퍼져나간다.

녹음 짙은 숲길에 싱그러운 오월의 향기 가득하다.

(2009. 5.)

하늘을 원망하랴

옛 직장 동료들과 함께 나선 한라산 등산길이다. 천왕사 길목에서 금봉곡 석굴암 계곡으로 가는 산길에는 태풍 '나리'가 지나간 흔적이 아직도 생생하다. 아름드리 나무들이 바람에 쓰러지거나 가지가 꺾인 채다. 물에 휩쓸린 산길은 임시로 만든 상태이어서 등산하기에 꽤 조심스럽다.

물 폭탄과 강풍으로 반나절 만에 제주 온 섬을 아수라장으로 만든 건 태풍 '나리'였다. 지난 9월 중순에 찾아온 이 태풍은 엄청난 재산 피해를 가져오고 수많은 인명을 앗아가, 모두를 허탈과 고통의 늪 속에 빠뜨리고 말았다. 무서웠다기보다는 잔인했다고 해야 맞을 거다. 몇 시간 사이에 내린 500mm가 넘는 폭우

와 강풍을 어찌 감당하겠는가. 제주시의 경우, 도심都心 저지대 재래상가와 하천지대는 눈 깜짝할 새도 없이 쑥대밭이 되어버렸다. 바람보다 물 피해가 훨씬 더 컸다. 사람들은 하늘도 무심하다고 한탄한다. 초가을의 제주가 참담하다.

아름다운 산과 바다와 자연풍광을 지닌 제주 섬이다. 사람들이 긴 세월을 파도소리와 바람소리를 벗하며 불굴의 의지로 가난을 이겨내고 오늘의 풍요를 일궈 온 제주가 아닌가. 평화의 섬으로 지정된 이곳은 화산섬과 용암동굴의 경관이 빼어나 세계자연유산으로 등재되어 앞으로 보호 관리가 더 중요한 곳이기도 하다.

천혜의 보고寶庫인 제주가 어쩌다 상상도 못할 이런 재난을 당한 것인가. 사람들은 오랜 세월을 척박한 섬에 살면서도 방파제를 만들어 파도를 막고, 수원지 댐을 만들거나 우물을 파서 식수를 해결하고, 다리를 건설하고 도로를 뚫었다. 관광지로 개발하며 야산과 농경지도 정리하였다. 근래엔 하천을 덮어 주차장으로 활용하는 복개공사도 많았다. 긴 안목이 없는 조급한 난개발이 물길을 막아 큰 화를 불러온 것은 아닐까. 물은 자연의 순리대로 물길 따라 흐르는데 말이다.

산을 오르노라니 등에 촉촉이 땀이 배이고 숨도 차오른다. 황금연휴에 고향을 찾아준 후배들이 고맙다. 걸으며 나누는 정담이 힘들었던 옛 시절 얘기로 돌아갔다.

90년대 중반, 그때 우리가 함께 근무한 곳은 점포 여건이 매우 열악한 영업점이었다. 직원도 모자란 데다 사업실적이 대단히 부진하고 점포도 낡은 삼층 자점自店건물이었다. 직원들과 한마음으로 한껏 노력하여 두 해 동안에 사업실적도 만회하고 건물도 리모델링하여 점포가 정상 영업점으로 자리매김하게 되었다. 직원들의 고생이야 어찌 다 말할 수 있으리. 고생 끝에 찾아든 게 뿌듯한 보람이었다.

점포건물 공사가 다 끝난 2월 어느 날, 위로부터 갑자기 점포 이전 지시가 떨어진 것이다. 우리 지점 새 건물에는 시군지부가 들어오고 우리 지점은 지부 옛 건물로 옮겨야 했다. 전혀 예상 못했던 일이어서 허탈감이 더 컸다.

"죽을고생을 했는데 우린 뭐람. 미리 옮겨와 자기네가 공사하고 근무해야지."

모든 일은 자기 입장에서 생각하게 마련일까. 조직의 형편상 그럴 만한 이유가 있을 테지만, 직원들은 분통이 터진다며 불만을 토로하는데도 다른 뾰족한 방법이 없었다. 상부조직의 업무상 명령에 따라야 한다. 나는 책임자로서 직원들을 위로해줄 뭔가를 찾아야 했다. 참으로 난감했다. 이튿날 아침, 신문을 펴니 어느 대학교 논술문제로 사마천의 ≪사기史記≫ 중에서 인용된 글이 우연히 눈에 띄었다. 마음에 와 닿는 글이라 조회시간에 천천히 읽어가니 모두가 숨죽인 듯 조용했다.

혹자或者는 '천도天道는 공평무사해서 항상 착한 사람을 돕는다.' 라고 하였다. 그러나 백이, 숙제 같은 사람은 인덕을 쌓고 행실을 깨끗하게 하였음에도 굶어서 죽었고, 공자의 제자들 중에서 가장 학문을 좋아하였던 안연顔淵은 항상 가난해서 음식조차 배불리 먹지 못하고 끝내 요절하고 말았다. 하늘이 착한 사람에게 보상해 준다고 한다면 이럴 수가 있는가. 도척盜跖 같은 큰 도적은 날마다 죄 없는 사람을 죽이고 포악무도한 짓을 함부로 하며 수천 명의 도당을 모아 천하를 횡행하였지만 끝내 천수天壽를 다 누리고 죽었다. 이것은 그가 덕행을 쌓았기 때문인가.

이 한 토막의 글이 직원들의 울분을 달래주고 이성적 판단을 하게 한 것인가. 용기를 주는 글 한 구절, 지혜를 주는 한 권의 책, 믿음이 가는 친구의 충고 한마디가 힘들어하는 사람에게 감동과 위로를 주고 큰 힘이 될 때가 있다. 이 짧은 글에서 인간의 위대함과 어리석음, 현실과 도덕적 이상과의 갈등 앞에 고뇌하는 저자의 모습이 직원들 마음에 비쳐졌을까.

사람들은 주위에서 착하게 사는 사람이 갑자기 재난을 당하면 하늘도 무심하다며 하늘을 원망한다. 하늘의 도리道理는 과연 있는 것인가 하며 의심하는 것이다.

남들이 보기에 매우 힘들게 살아가는 듯 보여도 자신이 진정한 행복을 느낄 수 있다면 현실의 고통은 문제가 아니다. 자신의 마음가짐에 따라 현실의 고통이나 어려움은 극복될 수 있다. 이와 반면 현세에서 부귀영화를 누린다 해도 자신이 거기서 어떤 만족이나 행복을 느낄 수 없다면 그보다 더한 불행은 없다. 행복은 자신만이 느낄 수 있는 게 아닌가. 명예와 불명예, 선과 악의 진정한 평가는 후세 사람들이 하게 된다. 올바른 삶과 진정한 행복의 의미 그리고 역사의 평가라는 긴 안목과 넓은 관점에서 생각해보면 하늘의 도리 즉, 천도의 존재를 의심치 않게 된다.

자연의 순리에 따라 살아가는 것, 그것은 우주만물의 법칙이자 또한 인간 삶의 법칙이다. 하늘이 무심타고 어찌 원망만 하랴. 자연에 순응하며 순리대로 사는 삶이 최선이라고 말하고 싶다.

중추절이 다가온다. 재난을 당한 사람들의 상처가 하루빨리 치유되고 피해가 온전히 복구되길 바라는 마음 간절하다. 사랑을 베푸는 사람은 외롭지 않고, 반드시 이웃이 있다고 한다. 쏟아지는 가을햇살이 따뜻하다.

(2007. 9.)

아! 비양도

"일행이 몇이나 되나요?"

젊은 여인네가 반가운 듯 말을 걸어온다. 야당차고 붙임성이 넘쳐나는 여인이다. 화장기 없는 수수한 얼굴에서 어릴 적 누나 얼굴이 떠올라 어쩐지 정감이 간다. 묻기도 전에, 섬에 일손 도와주러 간다며 어린 아들을 데리고 함께 승선한다.

단풍이 절정인 늦가을 어느 아침, 중학 동창들과 나들이로 한림에서 도항선 타고 비양도로 가는 중이다. 가까이 있어도 처음 가는 섬이라 마치 수학여행을 떠나는 기분이다. 그 시절 중학교 수학여행은 도내일주道內一周였다. 수학여행이 학생들에겐 꽤 인기였으나 어려운 시절이라 못 가는 학생도 태반이나 되었다.

그나마 나는 다행이었다. 집안 형편이 어려운 걸 알기에 차마 수학여행을 보내달라는 말을 못하고 혼자 끙끙 앓고 있는 걸 눈치 챈 누나가 원군이 되어 주었다. 해녀인 누나의 바다수입은 집안 살림의 큰 재원이었는데, 말려둔 미역을 팔아 여행비를 지원받은 기억이 지금도 생생하다. 여행 중엔 여관 대신에 학교 교실을 빌려 잠을 잤다. 더구나 버스에 실어온 장작으로 밥을 손수 지어먹었다. 육십 년대 초반, 수학여행은 관광보다는 체험학습여행이었다고나 할까.

뱃길 따라 하얀 물결이 파도처럼 뒤따른다. 비양도飛揚島가 날아온 섬이라는 이름처럼 눈앞에 날아들듯 다가오고 있다. 볼수록 아름답고 평화로운 섬이다.

이 섬은 고려 목종 때 화산 분출로 태어난 자그마한 섬이다. 섬 가운데 분화구가 있는 해발 114m의 비양봉을 중심으로 전체적으로 타원형으로 북쪽 높은 봉우리에 등대가 있고 남쪽은 대체로 평탄하다. 길이 2.5㎞ 해안선은 드나듦이 단조롭고 대부분 암석이다. 이곳에는 오십여 세대에 백여 명 주민들 대부분이 어업에 종사하며 살고 있는데, 관광객과 낚시꾼들이 이 섬을 즐겨 찾는다고 한다. 헤엄쳐가도 될 것처럼 가까워 보여도 우리는 배로 이십여 분이나 달려서야 도착했다.

섬 속의 섬, 비양도는 제주에 있는 유인도有人島 중 유독 자동차가 없는 곳이다. 이동 수단으로 손수레가 있을 정도다. 동창들끼리 학창시절 옛얘기를 나누며 서쪽을 시작으로 해안선을 따라 섬을 돌며 산책하듯 걷고 있다.

손짓만 해도 응답을 줄 것 같은 파란 하늘이다. 쏟아지는 햇살에 얕은 바닷물 속이 선명하다. 춤추는 저 바다의 빛깔은 몇 가지일까. 해안과의 거리 따라 초록, 파랑, 검푸른 색으로 물들인 듯하다. 너나 없이 그 유혹에 빠져들고 만다.

북쪽 해안가를 걷노라니 뭔가를 연상시키는 기암奇岩들이 보인다. 처음엔 '이게 뭘까?' 하지만 가만히 보면 돌고래나 코끼리 등 동물을 닮은 용암바위로, 좀처럼 보기 드문 괴석들이 이상하고 신기한 모습을 하고 있다.

아주 특이한 모양의 바위 하나가 눈길을 붙잡는다. '애기업은 돌'이라고 불리는 기암괴석이다. 바위가 마치 등에 아이를 업고 있는 형상이고, 아이는 바위를 꼭 껴안고 있는 모습이다. 아기를 못 낳는 여인이 이곳에서 치성을 드리면 애를 갖는다고도 전해지는 바위다. 먹고살기 위해 바다에 물질 나갈 수밖에 없던 시절, 그럴 때마다 해녀에게 애를 잘 돌봐줄 터이니 '안심하고 바다작업 하라.' 하며 이 바위가 위로해주었을 터이다. 해녀의 삶이 얼마나 힘들었을지 알 것 같다.

해안 동남쪽에는 자연과 어울리는 산책로가 설치되어 있고, 생태관찰을 할 수 있는 휴식공간인 아름다운 '펄랑 못'이 있다. 이 못은 염습지로서 바닷물이 지하로 스며들어 간·만조干滿潮

따라 수위가 조절된다. 주변에는 철새뿐만 아니라 해송과 억새 등 다양한 식물들이 군락을 이뤄 서식하고 있다.

야생식물 중에 별난 이름을 가진 콩이 여기 자생하고 있다. '해녀콩'이다. 그 옛날 해녀들이 잉태된 생명을 버리려 하다가도, 울면서 이 콩을 먹고 새 생명을 살렸다는 애달픈 이야기가 얽혀 있는 콩이다. 날아다니는 새도 먹고 살게 했거늘, 그분께서 하물며 사람이야. 가슴이 찡해오며 눈가가 젖어든다. 여인의 그런 아픔이 있었기에 비양도가 이런 평화롭고 아름다운 섬이 되었으리라.

섬 한 바퀴를 돌아오니 식당에는 맛있는 점심식사가 기다리고 있었다. 젊은 여인 한 분이 우리를 웃으며 반겨 맞는다. 도항선 출발 때 동승한 바로 그 여인네가 아닌가. 뜻밖이어서 어리둥절했다. 분위기가 입맛을 돋워서일까. 소라 안주에다 소주를 곁들인 음식 맛에 혀가 놀라 춤출 정도다. 나이든 할머니가 식당 마당에서 어린애와 장난하며 노는 모습 또한 재미있어 눈길을 끈다.

그 할머니는 식당주인이자, 그녀의 친정어머니였다. 손자와 어우러진 할머니의 얼굴에서는 삶의 굴곡을 당당하게 넘어온 연륜이 보인다. 꽤나 흡족해하는 표정이다. 일손이 필요한 날이면 그녀가 친정에 와 어머니를 돕는 게 분명했다.

젊었을 때는 그녀의 어머니도 해녀였으리라. 악착같이 바다 물질하여 딸 교육도 시켰을 것이다. 사랑으로 키운 딸이 시집가서 아들까지 낳아 생의 보람을 안겨주지만, 얼굴에 흐르는 주름만은 막을 수 없는가 보다. 아침에 배를 타며 '일행이 몇이냐'고 물었던 것은 미리 준비하려고 그랬지 싶다. 자식에게 부담 줄까봐 홀로 사는 어머니 생각에 딸의 마음이 늘 분주해질 수밖에.

돌 많고, 바람 많고, 여인 많은 삼다三多의 섬 제주. 비양도 앞바다에 물질하는 해녀들이 보인다. 물질은 목숨을 건 바다 물속 작업이 아닌가. 바다는 그들의 일터요, 집 마당이다. 바다를 의지하고 벗삼아 일생을 살아가는 여인들이다. 생계를 책임지고 자녀를 키워 오늘을 낳은 이곳의 주역임에 틀림없다.

할머니에게서 고달픔을 이겨낸 여인의 여유로움이 느껴진다. 주름진 얼굴에는 해녀의 옛모습도 어른거린다. 비양도의 '애기업은 돌'과 '해녀콩'을 어찌 쉬 잊으랴.

저 멀리 아스라이 보이는 한라산이 여인처럼 포근하게 다가오고 있다.

(2008. 11.)

곧 지나갈 거야

신문을 펼쳐든 손이 떨린다. 머리가 띵해오며 가슴이 울렁인다. 귀마저 먹먹하여 소리도 들리지 않는다. 잠시 눈을 감고 심호흡을 해본다. 사회면에 '전직 고위간부 구속'이라는 커다란 기사제목이 시커멓다. 친구가 구속되다니 청천벽력 같은 일이 아닌가. 나는 망연자실할 수밖에 없었다.

우수와 경칩도 지난 어느 봄날 아침이었다. 휩싸인 충격에서 정신이 번쩍 들게 한 것은 친구 아내의 전화였다. 이른 시간에 전화로 송구스러워하는 그녀의 말 속에 당혹함이 역력했다. 변호사 선임 등 의논할 일이 있어 만나고 싶다는 것이다. 남편이 뇌물사건에 관련되었다니 황당한 일이라, 그녀는 어젯밤 한잠도 못 잤단다. 기막히고 까무러칠 일이다. 분명 뭔가 잘못되었으리라는 예감이 스쳤다.

친구는 정년을 몇 해 앞두고, 지난해 여름에 삼십여 년의 공직생활을 마감하고 중도에 퇴임한 심우心友다. 유능하고 활달한 그이지만 '물러날 때를 안다.'면서 지혜롭게 옷을 벗었다. 고위공직자리를 후배에게 내준 셈이다. 순박하고 정직한 그는 매사에 솔직하기에 부풀리거나 거짓이 없는 친구다. 몸을 사리는 공직자가 많다고 해도 그는 늘 겸손하고 묵묵하게 일하는 공직자의 표상이었다. 누가 뭐래도 내가 아는 그는 위법한 일에 관여할 사람이 결코 아니다.

막상 친구의 아내를 만났을 때는 그녀는 의외로 차분해 있었다. 긴장이 감도는 얼굴이긴 해도 그다지 초조하거나 당혹스런 표정은 찾을 수 없었다. 무엇이 그녀를 그리 지탱해주는지 모를 일이다. 오히려 성질 급한 내가 더 서두르는 편이라고 해야 할 것이다. 우리는 일의 순서를 의논하고, 친구를 면회하러 교도소를 찾았다.

친구를 만나기 위해 면회신청을 하고 기다리는 내내 마음이 무거웠다. 주변 사람들의 표정에도 근심이 담겨있다. 조용하고 말이 없는 무거운 분위기다. 무심한 듯 앉아있는 젊은 여인의 손을 잡고 다독거리는 할머니 모습이 애절해 보인다. 이 여인들은 무슨 생각을 그리 골똘히 하고 있을까.

친구를 보는 순간 나는 가슴이 덜컥 내려앉는 듯했으나, 그는 수의囚衣를 입고 있음에도 흐트러짐 없는 당당한 예전 모습 그대로였다. 변호사 선임을 부탁하면서도 믿기지 않을 정도로 위엄이 돋보였다. 그만큼 결백하다는 증표이리라. 더구나 밝은 표정을 지으면서 밖에서 동동거렸던 아내와 나를 도리어 위로하는 것이었다.

"걱정 말게나. 옳고 그름이 낱낱이 밝혀질 거야."

남편의 말에 그녀는 고개만 끄덕였다. 속마음을 다 털어놓지도 못하고 돌아서는 그녀의 어깨가 가늘게 떨린다. 입술을 굳게 다문 얼굴 표정은 '죄 없음'의 확신에 찬 듯하다. 혹시나 했었을까.

친구는 사회단체 보조금과 관련된 뇌물사건에 연루된 혐의로 구속된 것이었다. 공직에 있을 당시에 예산편성을 담당하는 고위책임자인 그가 공모共謀해서 '예산이 부족하니 도와 달라.'고 지원 단체에 뇌물을 요구했다는 혐의다.

공직자가 여럿이 구속 입건되었다는 언론보도는 큰 파장을 일으키며 지역사회의 이목을 이 사건으로 집중시켰다. 첫 공판부터 피고인에 대한 신문訊問과 증인의 증언을 놓고 검찰과 변호인의 날카로운 공방攻防으로, 그 열기는 법정을 뜨겁게 달구었다. 친구는 혐의를 전면 부인하였다. 여름 내내 숨 가쁘게 진행되는 치열한 법정싸움에 방청석은 언제나 만원이었다. 더구나 막판에 들어서자 선고宣告가 두 차례나 연기되면서 주변에선 온통 그 결과에 촉각을 곤두세우는 분위기였다.

친구의 아내는 종종 면회를 다녔다. 재판과정에서의 일은 변호사와 의논하겠지만, 친구의 마음을 달래줄 수 있는 사람은 역시 가족이었기 때문이다. 그날은 그의 아내와 함께 나도 면회를 갔다. 약간 초췌할 뿐 그는 건강한 모습이었다.

"세상사가 그렇듯 이것 역시 곧 지나갈 거야. 정의가 살아있음을 믿네."

이런 말을 내게 건네는 친구가 그날따라 더 듬직해 보였다. 믿음으로 고통을 달래는 그의 모습에서 이스라엘의 다윗 왕에 얽힌 이야기가 생각났다.

어느 날, 다윗 왕이 궁중의 보석 세공인을 불러 자신을 기리는 아름다운 반지를 하나 만들라고 지시하였다.

"그 반지에는 왕인 내가 전쟁에서 큰 승리를 거둬 기쁨을 억제하지 못할 때 스스로를 자제할 수 있고, 또한 큰 절망에 빠졌을 때에도 좌절하지 않고 용기를 얻을 수 있는 글귀를 새겨 넣도록 하라."

세공인은 반지를 만들어 놓고도 적당한 글귀가 생각나지 않아 고민 끝에 지혜롭기로 소문난 솔로몬 왕자를 찾아갔다. 왕자는 잠시 생각하다가 '이것 역시 곧 지나가리라!'라고 적어 넣길 조언하였다. 이 글귀를 보면 승리의 순간에도 곧 자만심이 가라앉을 것이고, 절망 속에서도 결코 좌절하지 않을 것이라고 이유를 설명

했다. 촌철살인寸鐵殺人과도 같은 한 마디가 삶을 좌우하기도 한다.

친구를 올곧게 받쳐주는 건 바로 이런 깨달음이 아닐까. 자기의 소중한 것들을 다 쓸어 가버릴 것 같은 절박한 상황 속에 갇혀 있어도, 그는 자신에게 '이제 곧 지나갈 거야.'라고 거듭거듭 말하며 평상심을 지키고 있음이 틀림없다.

여름이 끝날 무렵, 지루한 법정싸움은 친구의 무죄선고로 막을 내렸다. 친구의 무관함이 인정을 받은 것이다. 증인의 상반된 진술이나 제시된 정황증거가 공모관계를 인정할 만한 증거로 부족하다는 게 무죄선고 이유다. 공직의 대의를 그르친 비리는 진실을 가려 엄벌해야 하나 기소권起訴權을 남용해서는 안 된다는 거였다.

재판장의 권위와 판단에 한없는 존경심이 우러났다. '열 명의 도둑을 놓칠지라도 한 명의 억울한 도둑 누명을 씌워서는 안 된다'는 것은 진리라 했다. 옳은 판단이 내려질 것을 믿고 기다리던 친구, 그의 청렴성이 더 돋보였지 싶다.

그 친구가 늘 그립다. 무죄선고로 그의 잃어버린 명예는 과연 원상회복된 걸까. 그 아픔의 상처는 누가 치유해 줄 것인가. 생채기를 낸 가슴이 한동안 아리겠지만, 법은 만인에게 공평하다는 위안으로 그는 의연히 자기를 달래고 있으리라.

그해 여름은 길고 긴 여름이었다.

(2009. 2.)

그리도 야박했어라

문득문득 생각나는 일이 있다. 한데 그리도 생각나니 야속스럽다. 좋은 일도 잊게 마련이건만, 어찌 섭섭하고 힘들었던 일은 쉽게 지워지지 않는 것인가. 마음의 행로에 아득했던 그 사연이 가을과 함께 굽이굽이 흐르고 있다.

가을은 성숙의 계절이다. 깊어가는 가을에 상념이 깊어지면 혼자가 된다. 혼자라는 것을 깨닫는 건 여유이고 성숙일까. 싸늘한 바람에 단풍이 고운 빛깔로 물들어 가면, 창밖보다는 따뜻한 안방 아랫목을 찾게 마련이다. 혼자만의 시간, 나만의 공간에서 소리 없이 찾아온 고독을 만나게 된다. 지난날 나는 무엇을 어떻게 하고 있었던가. 세월 속에 묻힌 오랜 상념이 구름처럼 몰려든다.

삼십여 년 전 가을, 처음이라 두려운 마음으로 시작한 장사는 시운時運이 맞았는지 생각보다 눈코 뜰 사이도 없이 바빴다. 식품 대리점이었는데 소매점에 배달 판매하는 일이었다. 땀 흘린 보람이었을까. 소매점에서 신뢰가 쌓이면서 인정을 받기 시작했다. 종업원과 주인이 호흡이 척척 맞아 재미도 그만이었다.

“사업을 좀 더 확장하는 게 어떠세요? 장사도 잘되는 편이고요.”

어느 날, 운송과 판매를 맡아 하는 박 기사가 넌지시 내게 제안을 하는 것이었다. 장사가 잘되는 건 순전히 박 기사 덕분이었다. 고향이 전주라고 하였는데 나보다 다섯 살 아래 총각이었다. 신용이 좋고 경험이 있어서인지 나이에 비해 장사수완이 놀라우리만치 뛰어났다. 고객이 이름을 다 외울 뿐만 아니라 거래 점포의 물량 재고도 귀신같이 예측했다. 재고관리와 자금회전이 빨라 장사가 수월했다.

그는 주인처럼 열심이었다. 장사 시작 때부터 함께 일한 믿을 만한 친구라 모든 걸 의논하고 서로 신뢰했다. 장사하려면 ‘주인이 관리를 잘해야 한다.’며 그가 권하는 바람에 나도 운전까지 배웠다. 그는 정직하고 성실하여 본받을 만한 젊은이였다. 친구처럼 형제처럼 대하는 그의 말이라면 뭐든지 믿고 들어왔던 것이다.

하지만 이 제안에는 단호히 거절했다. 아직은 아니었다. 조그만 대리점을 하면서 사장 소리 듣기도 쑥스러운데다가, 서른 살

새파란 나이에 직장을 그만두자마자 남이 하던 대리점을 인수한 지 2년이 겨우 지났을 뿐이었다. 무엇보다도 말 못할 자금 사정이 긴장감을 붙들고 있었다.

영세규모의 장사인데도 그 밑천이 모자라 걱정이었다. 사업에서 자금은 기본 아닌가. 돈줄이 가끔 막혀 답답했지만 종업원들은 눈치를 못 채는 것 같았다.

얼마 전 급하다며 돈을 빌려간 친구조차 감감무소식이었다. 동창친구가 어느 날 갑자기 찾아와 곧 돌려줄 테니 한 번만 도와달라는데 모른 체 할 수 없었다. 몇 년 동안 눈물 나게 모아 불입해 온 적금을 중도 해약해 빌려주었는데 그 후 소식이 끊어지고 만 것이다. 친구를 잘못 본 것이었을까. '미안하다'는 한마디 말도 없다는 게 더 야속했다. 차라리 차갑게 거절했더라면 친구 하나는 잃지 않았을 터인데.

다니던 직장에서 융자라도 받아보려고 찾아갔으나 거절당했다. 내 신용이 모자라다는 걸 그제야 알았다. 당연한 거절이었을 테지만 내겐 세상이 노랗고 기가 막힐 노릇이었다. 입술을 깨물며 눈물을 참았다. 직장도 잃고 친구에게도 이용당한 이 처절함을 누구도 알아줄 리 없었다. 잊으려고, 세월이 약이라며 스스로를 달랬다.

그런 와중에 예기치 않은 차량사고가 났다. 내리막길을 달리다 앞에 가던 큰 트럭이 급정거하자 뒤에서 들이받아 난 사고였다.

과속과 안전거리 미확보는 늘 문제다. 운전하던 나는 팔에 금이 가고 머리를 다쳤지만 천만다행으로 옆 좌석에 앉은 박 기사는 탈이 없었다. 주변에선 차가 그리 박살났는데도 살아난 게 기적이라며 나를 위로했다. 다행히 사고 후에도 장사는 그가 맡아 흔들림이 없었고, 나는 깁스하고 몇 개월이 지나 완치되었다. 오직 그에게 고마운 마음뿐이었다.

그런데 깁스를 풀어 좋아하던 날, 박 기사가 고향에 가서 장사를 해보겠다며 떠난다는 것이 아닌가. 주인이 운전을 배우고, 사고 나던 그날도 직접 차를 몰게 한 것이 자기 잘못이라며 미안해하였다. 제 딴에는 책임을 진다는 것이었으리라. 핑계일 터이지만 집안사정도 있어서라 했다. 뜻밖의 황당한 일이어서 사정하다시피 말렸지만 헛수고였다. 전혀 준비 안 된 채로 그와 갑작스런 작별을 해야 했다.

장사는 그 후에도 제법 잘되어 동네 소문이 날 정도였다. 그 일이 있은 지 삼 년 후에는 내 집도 마련하게 되었다. 그가 깔아준 밑천 덕분이었지 싶다. 그것은 돈이 아니라 신용이었다.

얼마가 지난 후 연락이 두절된 그를 찾으려 해도 찾을 길이 없었다. 30여 년 전의 일이요, 교통이나 통신도 오늘 같지 않은 시절이었으니 말이다. 아마 지금쯤은 그가 꿈꾸던 사업에서 성공을 거두었으리라.

그때는 인간의 인연과 믿음이 그토록 소중하고 아름다운 줄 몰랐었다. 더구나 나의 옹졸함도 깨닫지 못했다. 힘들었던 그 시절의 내 잘못이 큰 응어리가 되어 가을이면 마음이 아려온다. 너무나 서운하게 고향으로 그를 보냈으니 그러하다. 2년 남짓 함께 일한 그를 빈손으로 이별한 것이었다. 퇴직금은 못 줘도 여비는 줘야 했었는데, 정말 왜 그랬을까.

이제 생각하니 참 부끄럽다. 나의 사람됨이 부족함이요, 속이 너무 좁고 야박했던 거다. 아무리 어려워도 어찌 그렇게 마음이 여유가 없고 인색했던가. 그의 마음에 얼마나 큰 섭섭함의 상처를 남기었으랴. 지금도 몸둘 바를 모르겠다.

나뭇잎 스치는 바람소리가 가슴에 사무친다. 오래전의 과오가 물결처럼 나를 덮친다. 인생길을 바삐 달려오느라 미처 못 본 내 삶의 편린들이 눈물겹다. 바깥을 떠돌던 내 본성이 이 가을에 나의 영혼 속으로 돌아와 나를 깨우는지도 모를 일이다. 은총恩寵의 시간이 아닌가.

심연深淵에서 따스한 물이 용솟음치듯 그리움이 솟구친다. 힘들어 할 때 손길 내밀어준 바로 그 사람. 소중하고 아름다운 믿음을 선물한 사람이었지. 아직도 멍에를 벗지 못한 내 삶이 죄스럽다. 외롭게 깊어가는 가을의 소리, 이제 들린다.

(2008. 11.)

벌초

팔뚝에 찬 기운이 느껴진다. 입추가 지나고 처서도 넘어서니, 용광로를 달구듯 하던 찜통더위가 사그라졌다. 들풀을 덮고 자는 풀벌레가 흐느끼며 뒤척이는지 밤마다 별 그림자가 창가로 몰려온다. 여름이 떠나가고 가을이 내려앉고 있다. 노랗게 익어가는 곡식과 과일의 향기가 추석이 내일 모래임을 알린다. 추수를 기다리는 농부들에겐 얼마나 값진 땀의 결실인가.

봄날에 씨앗을 뿌린 수고가 여름을 보내며 풍성하게 자라 알차게 영글고 있다. 계절 따라 삶의 굴곡을 되돌아보는 동안 누구나 겸손해지게 마련인가 싶다. 이 가을볕에 나를 온전히 드러내

영일寧日을 누리고 있으니 조상님이 고마울 따름이다.

음력 팔월 초하룻날을 전후하여 선조의 묘소에 벌초가 시작된다. 풀을 베면 더 자라지 않는 이때가 적기다. 집안 온 가족이 동참한다. 조상의 묘를 찾아 한라산 자락을 누비는 인파로 산야가 출렁인다. 제주의 독특한 벌초풍속이다.

우리 집안도 오늘은 벌초하는 날이다. 아침 일찍 아들네와 고향 종갓집에 와보니 친족들이 거의 다 모였다. 미국에서 6촌 동생만이 전화로 '참석 못해 죄송하다.'고 알려왔을 뿐이다. 벌초 때마다 보람을 느낀다는 종손인 조카가 반긴다. 아버지를 어릴 적에 여의고 아직은 총각인데도 마음 씀씀이가 대견하고 기특하다. 고조할아버지의 손인 팔촌 이내의 친족들이 모이는 가족벌초다. 일꾼으로 나설 젊은이들이 여럿이어서 마음이 가뿐하다.

예초기와 낫 등을 확인하고 성묘 음식을 챙긴다. 현장에 나설 차량지원팀과 점심을 준비할 팀도 따로 정하여 역할을 분담한다. '벌초는 무엇보다 정성'이라며 팔십을 바라보는 형수까지 거든다. 이른 새벽부터 종갓집은 분주하다.

오늘 함께 모여 하는 가족벌초 묘가 13자리나 된다. 옛적엔 일부다처제가 통용되었을까. 윗대 할머니 묘가 여럿이다. 더구나 당시는 상황에 따라 명당자리를 찾아 묘를 썼는지 묘소가 여기저기 분산되어 있다. 하지만 먼 한라산 자락이 아닌, 마을 근거리에 있어 다행이다. 자손이 귀하리라 예견해서 그랬나 보다.

예전에는 한 기基의 묘소에 벌초하는 자손 숫자를 보고 집안의 세勢를 짐작하기도 했다. 후손이 적은 집안에선 여러 날에 걸쳐 하기도 한다. 어린 시절, 우리 집안에서 벌초할 때 일을 생각하면 서러워 눈물이 앞선다.

여름 매미 소리가 잦아들면서 음력 팔월이 가까워지면 어머니와 누나들은 긴 한숨을 내쉬었다. 다른 집안은 장정들이 많아 위세도 당당하게 벌초를 하는데, 우리는 멀리서나마 찾아오는 친족 한두 분이 고작이라 어머니와 누나들도 함께 비지땀을 흘려야만 했다. 그 시절엔 차량도 귀하고 예초기도 없었기에 자손이 적은 집안에선 벌초가 큰일이었다.

학교에서도 벌초방학까지 했다. 추석 때까지 못 끝내면 마을에서 손가락질 받기 십상이었다. 자손들이 불효하거나 대代가 끊긴 집안으로 보기 때문이다. 더구나 남을 빌려 벌초하는 건 가문의 수치로 여겼다. 어머니는 누나들과 이를 악물고 며칠이고 벌초를 했다. 근족近族이 없다시피 한 집안의 약한 세를 한탄하며 외로움에 몸부림쳤던 것이다.

사실 집안에서는 우리 조부님이 종손을 이었는데 아버지가 독자로 그 자리를 물려받았다. 한데 막내 할아버지는 고향을 떠나 후손이 멀리에 살았다. 아버지까지 먼저 세상을 뜨시고 아들들은 어렸으니 어머니의 외로움이 어떠했으랴. 지금처럼 교통이 좋았어도 문제가 아니었을 테지만.

"어미가 죽어 한줌의 흙이 된 후에라도, 조상의 이름을 욕되게 하지 마라."

세상을 떠나시며 남긴 말씀이다. 당부하시던 그 모습이 눈에 선하다. 육신은 흙에 묻혔어도 영혼은 후손을 염려하며 먼 곳에서 지금도 굽어 살피고 있으리라.

산소를 찾으니 조상님이 무척 반기는 느낌이다. 벌초를 하는 손놀림이 바쁘다. '산담' 위엔 예전 뒤덮였던 칡이랑 잡풀들도 거의 없다. 봄 벌초까지 하는 후손들의 정성을 알아보는 걸까. 묘를 감싸고 있는 산담은 사각형으로 쌓은 돌담이다. 제주 분묘의 모습은 그래서 예로부터 유별나다. 말이나 소를 방목하기에 마소의 분묘 훼손도 막고, 가끔 발생하는 산불의 접근을 미리 피하기 위함에서였다.

묘마다 사연도 다르다. 직계손直系孫이 없는 선조의 산소에 이르면 마음이 아리다. 넷째 할아버지 묘 앞에서면 제주 4·3으로 아들을 잃어 대가 끊겨버린, 갈기갈기 찢긴 그 아픔이 흐른다. 한 분 할머니 묘에는 남편과 아들을 기다리다 간 여인의 켜켜이 쌓인 한이 고스란히 남아 있는 듯하다. 이 세상에선 힘든 삶이었지만, 저 세상에서만은 평안을 누리시길 기원하며 옷깃을 여민다.

정성스레 다듬어진 봉분이 깔끔하다. 목욕을 시켜 새 옷을 입혀드린 것처럼 산뜻하다. 자손들은 성묘를 하며 조상님께 감사를 드린다. 풍요로운 가을을 기다려온 농부처럼 흐뭇해 할 것 같다. 묘비에 새겨진 뜻을 읽어주고, 음복飮福을 하며 집안 내력을 전하는 것은 어른들의 몫이다.

제주의 벌초문화는 후손에게 그 뿌리를 알리고 숭조사상을 지키며 키워왔다고 할 것이다. 정성어린 벌초야말로 선조들이 물려준 미풍양속을 몸소 실천할 기회가 아닌가. 조상의 묘 앞에 서면 자신을 다시 돌아보게 된다. 친족들이 한데 모이니 또한 반갑다. 흩어져 사는 가족 친지들과 못다 한 얘기도 나누게 되니 혈육의 정을 더 느끼게 마련이다. 옛 선인들의 지혜로운 뜻이 여기 있는 건 아닐까.

벌초를 끝내니 몸과 마음이 뿌듯하다. 며칠 지나면 한가위 보름달에 실려 환한 미소로 조상님이 고향집을 찾아오시려나. 나이가 들수록 마음은 어려진다는 게 맞는가 보다. 설렘과 기다림에 하루가 즐겁다.

(2008. 9.)

감나무의 사연

보고 싶은 여인을 오랜만에 만났다. 갈옷으로 차려 입고 있었다. 그리움에 사무친 네 마음을 읽었노라 하며 미소 띤 얼굴로 반가운 표정을 짓는 게 아닌가. 어머니였다. 밤중에 자다 말고, 어머니가 나타났다 사라진 꿈 얘기에 아내가 웃었다.

산들바람이 부는 초여름 맑은 날씨다. 비가 올까 걱정이었는데 다행이다. 아들과 함께 어머니 산소에 성묘하기로 약속한 날이다. 간밤 꿈 생각에 그리움이 더하다.

고향으로 성묘 가는 길은 집에서 차로 한 시간 남짓한 거리다. 아침 이른 시간인데도 생각보다 많은 차들이 길을 달리고 있다.

휴일이어서 고향을 찾는 사람들이 많은가 보다. 고향마을이 가까워 오자 아들은 차를 몰며 콧노래를 흥얼거린다. 성장한 아들이랑 성묘를 갈 수 있다는 것이 나를 기쁘게 한다. 올가을엔 손녀까지 온 가족이 다 함께 성묘할 생각에 벌써부터 뿌듯함으로 설렌다.

어머니 산소를 찾는 날이면 죄스러움으로 회한에 젖어든다. 돌아가신 지 이제 사십 년이 가까워온다. 강산이 바뀔 만큼 세월이 흘렀어도, 어머니의 모습은 내 마음에서 잊히거나 지워지지 않는다. 그리움이 오히려 깊어지는 것 같다.

"내 뼈를 그곳에 묻어다오."

어머니의 생전의 뜻에 따라 그곳에 안장하였다. 고향마을이 가까이 내려다보이는 그곳은 시집와서 돌아가시기 전까지 당신이 관리하던 조상대대로 내려온 임야이다. 집안을 지키며 살아온 삶의 터전이기도 하다. 특별한 날을 기리려고 찾아갈 때마다 마음이 숙연해지고 평온함을 주는 곳이다.

동네의 궂은 일 좋은 일을 어머니는 전혀 가리지 않았었다. 이웃과도 인심을 쌓고 아픔을 함께 나누며 살았다. 여름엔 갈옷을 벗는 날이 없었다. 질기고 땀이 배이지 않아 시원하기에 풋감즙으로 물들인 갈옷을 노동복으로 즐겨 입었다. 그 힘들고 외로운 삶은 갈옷을 보면 헤아릴 수 있을 정도였다.

어느 여름 장마철, 어머니는 한 많은 이 세상을 떠나셨다. 하늘에 구멍이라도 뚫린 듯 비만 쏟아졌다. 당시 학생이었던 내게는 당신의 죽음을 받아들일 마음의 준비가 전혀 없었다. 오직 눈물만 흘렸다. 살아있는 동안 한 번도 마음 편하게 해드리지 못한 잘못, 먹을 것이나 입을 것도 제대로 한번 못해드린 아쉬움에 지금도 생각하면 가슴이 찢어질 듯 아파온다.

조상 대대로 내려온 그 임야 공터 한쪽에 어머니 묘가 있다. 돌아가신 지 이십여 년 지난 후에야 묘비를 세웠는데, 그날도 비문을 읽으며 소리 없이 울었다.

"가난 속에서도 가정을 지키며 오로지 사랑으로 자녀교육에 생을 바치신, 어머님의 후덕한 인품을 흠모欽慕하오며 삼가 저희들의 귀감龜鑑으로 삼고자 합니다."

묘비를 세운 그 후, 예전보다 묘지관리에 정성을 쏟았다. 산소 옆 공터는 성묘 온 자손들이 쉬어가는 곳이다. 어머니가 그리울 때면 나 혼자 찾기도 한다.

그 어느 날, 우연히 그곳에서 어린 감나무 한 그루가 눈에 띄었다. 몇 년생인지 모르나 재래종 감나무가 거기서 자라고 있다니 신기한 일이었다. 누가 이곳에 와서 감을 먹고 씨를 버린 것일까, 아니면 새들이 씨를 물어다 놓은 것일까. 그렇지 않아도 여기에 무슨 나무를 심을까 하고 생각 중이었기에 그 기쁨은 컸다.

보이지 않는 어느 분이 갈옷을 즐겨 입던 어머니께 보내준 선물 같아서 나는 그 나무를 애지중지 키우고 있다. 처음엔 야산이라 누군가가 나무를 꺾어버리거나 뽑아 가버릴까 봐 걱정이 태산이었다. 우선 '사랑의 나무'라는 명찰을 나뭇가지에 메달아 놓았다. 주인 이름도 새기고 말이다. 이제는 자손들도 관심이 대단하다. 나무는 주인의 정성을 알아보는지 해마다 무럭무럭 자랐다. 몇 년 전부터 토종감이 달리기 시작했다. 감나무는 오월에 꽃이 피고 한 달쯤 지나면 열매를 맺는다. 잎이 무성한 감나무가 여름이면 멋진 정원수처럼 아담하고 아름답다.

오늘 보니 감나무에 꽃은 졌지만 나뭇잎이 짙푸르다. 아들과 함께 성묘하는 나를 반기며 얘기하는 듯하다. 전에 왔을 때보다 많이 자랐다. 초여름 대지의 무성한 기운을 호흡하여서인지 더 싱싱해 보인다.

감나무에 가까이 다가서니 닥지닥지 달린 작은 감들이 눈길을 당긴다. 엄마의 오뚝한 젖꼭지마냥 앙증맞게 달려 있다. 꽃 진 자리마다 가지 한 끝을 붙잡고 엄마 젖을 빠는 아가처럼 수액을 열심히 빨아들이고 있을 듯하다. 아기에게 젖을 물린 여인의 행복한 미소가 떠오른다.

아들이 기뻐서 환호한다. 지난해보다 열매가 갑절은 됨직하다. 한두 달이 지나면 조랑조랑 달린 감이 좋은 볼거리가 될 것이다. 정성을 받아주고 몇 배로 갚아주는 나무다. 하기에 인간은 더하리라. 어머니가 생전에 베푼 덕으로 받는 푸짐한 선물 같다. 선대先代가 쌓은 공덕功德은 후세로 이어지는 것인가.

재래종 감이 근래에 들어와서 수요가 많아졌다. 팔월이면 익기도 전에 갈옷에 필요한 풋감으로 많이 따간다. 갈옷이 제주의 민속복식으로 널리 알려져 요즈음 인기가 좋기 때문이다. 갈옷은 저고리나 바지 등의 옷을 풋감 즙으로 주무른 후 햇볕에 말리고, 물로 축여주면서 햇볕에 쪼여 발색시킨 옷이다. 예전에는 농업이나 어업, 목축업에 종사하는 서민층의 작업복이자 일상복으로 입었던 옷이다. 최근에는 고급 패션복의 갈옷재료로 사용되고 있다. 갈옷 패션이 유행이다.

해마다 나보란 듯 달리는 감은 가을도 되기 전에 몇 개만 남긴 채 없어진다. 지난해에도 제법 많이 달린 감을 누군가 몽땅 따갔다. 갈옷 물들이는데 사용했을 게다. 가난해도 나눠주던 어머니의 후한 인심이 생각난다. 금년에는 두둑하게 인심을 쓸 것이 분명하다. 꼭 필요한 사람들에게 나눠주겠지만 말이다.

세월이 흘러도 이 감나무엔 감이 주렁주렁 달리리라. 아마 올해도 까치밥으로 몇 개는 남겨둘 게다. 남겨진 감은 가을과 함께 노랗게 익어갈 것이다. 감나무에 얽힌 사연처럼.

(2007. 6.)

기분 좋은 그날

바람 부는 도로를 달린다. 차창 너머로 눈앞에 펼쳐지는 늦가을 풍경이 아름답다. 바라다 보이는 숲에는 창백하게 야윈 나뭇잎들이 소리 죽여 떠난다. 감귤밭에 주렁주렁 달린 노란 감귤이 계절의 풍요를 알리고, 들녘에는 파도 거품처럼 하얀 억새꽃이 바람타고 일렁인다. 날씨도 맑아 저 멀리로 한라산도 또렷이 보이는 오후, 달리는 도로 위로는 만추晩秋의 햇살이 쏟아지고 있다.

자동차 운전면허증을 갱신하러 가는 중이다. 아내의 성화 같은 독촉을 받으며 며칠 전부터 기다려온 오늘이다. 나이 탓인지 몰라도 요즘은 잊어버리는 일이 제법 잦아져, "그때 잘 챙길 걸."

하며 후회하는 일들이 꽤나 많아졌다.

아내는 종종 나를 놀려댄다. '무슨 남자가 손재주라고는 하나도 없고 또 잊어버리긴 그리 잘하느냐.'고 입버릇처럼 그런다. 사실 손재주가 없는 나는 집안에 전기나 수도, 전자제품 등 가벼운 손질을 해야 할 때도 쩔쩔맨다. 컴퓨터를 다루는 것도 그렇다. 내가 봐도 자신이 안쓰럽고 답답하다. 현대는 자격증시대라는데, 나는 별다른 자격증이나 면허증도 없다. 그런 걸 몇 개씩 가진 사람을 보면 부럽기 그지없다.

"그래도 내겐 1종 운전면허가 있소."

아내가 나를 놀릴 때면 운전면허 이야기를 꺼내며 위기를 모면하려 선수先手를 친다. 아내는 내가 면허 취득하고 난 후 십 년이 지나서야 세 번이나 재수하며 힘들게 2종 운전면허를 취득했다. 그래서 면허 이야기만 나오면 아내는 어이없는 듯 한마디 하며 빙긋 웃고 만다.

"사내가 자랑할 게 그게 전분가요?"

나에게 자랑할 것이라곤 운전면허증뿐이니, 그 소중한 면허증 관리를 어찌 소홀히 하랴. 면허증을 갱신하는 날은 내게는 보통 날이 아니다. 몇 년에 한번 적성검사 기간이 정해지니 잊을 리 없으련만 미리부터 신경이 곤두선다.

면허갱신은 신체검사까지 해야 하니 면허시험장이 있는 경찰 민원실로 가야 한다. 평소 이곳을 찾기가 부담스럽지만 오늘은 어쩔 수 없는 날이다.

민원실에 들어서니 부드럽고 따스한 기운이 감돈다. 잘 정돈된 민원실에는 사람들이 꽤 있는데도 조용하다. 예상 밖으로 달라진 분위기에 어리둥절하다. 하기야 내가 이곳을 찾았던 건 칠 년 전이었으니까. 여직원이 친절하게 나를 맞아 준다.

"예, 1종 면허갱신이요? 이쪽으로 오세요."

단정하고 세련된 그 직원은 적극적이며 자신감이 넘쳐 보인다. 정성어린 친절이 나를 오히려 당혹케 한다. 주인 대접을 받는 기분이다. 매사에 밝고 적극적인 사고를 가진 사람을 대하면 덩달아 기분이 좋아진다. 그래서인지 민원실에 온 사람들 얼굴이 환히 밝다.

내가 운전면허를 취득한 건 오래전 장사할 때이다. 한창 젊은 나이인 서른 살 때에, 본의 아니게 갑자기 직장을 그만 두었다. 얼마 동안은 절망의 늪에서 허우적거리는 날들이었다. 오로지 앞만 바라보고 더 열심히 살겠다는 각오를 굳게 다지며 아픈 가슴을 달랬다. 네 식구의 가장家長인 내가 막상 무엇을 하려니 걱정이 앞서면서 막막했다. 고심 끝에 결심한 게 장사였다.

장사는 처음이라 모자라고 어설픈 게 한두 가지가 아니었다. 그 중에서도 '친절과 신속'은 내가 하는 장사의 생명이었다. 배달판매가 주업인데 운송에 가끔 문제가 생겼다. 운전기사가 출근하지 않는 날은 공치는 날이어서 정말 아쉬운 게 운전기술이었다. 요즘이야 자가용 시대이니 운전면허 없는 사람이 있을까마는, 삼십여 년 전 그때는 기사 구하기가 만만치 않았다. 아무래도 뾰족한 수가 없어 궁리 끝에 찾아낸 것이 내 자신이 면허를 취득하는 것이었다.

운전학원에 등록하니 주변에선 쑥덕거리며 따가운 눈총을 주는 이들도 있었다.

"어제까지 책임자입네 하던 분이 운전기사라도 하려는가 봐."

나는 이에 아랑곳하지 않고, 몇 개월 만에 1종 면허를 취득하는 행운을 얻었다. 면허증을 교부받아 손에 쥐니 어깨가 으쓱하고 마음이 뿌듯하였다. 감사하는 마음이었다. 그날의 기쁨은 정녕 잊을 수가 없다. 영업용차를 몰아도 세끼 밥은 먹을 수 있겠구나 하는 안도감이 생기면서 자신감이 솟구쳐 올라 더 기뻤다.

민원실에서 잠깐 사이에 필요한 절차를 마치자, 담당직원이 즉석에서 갱신 면허증을 내게 넘겨준다. 면허증 속의 금방 찍은 사진을 뚫어져라 쳐다본다. 잘생긴 얼굴은 아니지만 오랜 세월의 풍파를 헤쳐 왔는데도 아직은 괜찮은 얼굴이다.

지금까지 내 삶의 모습이 사진 위로 오버랩되며 비쳐온다. 면허 취득으로 왠지 모르게 안도감과 자신감을 얻게 되었던 거였다. 그 후 삼십여 년은 '신속과 친절은 사업의 기본'이라는 소중한 체험을 한 세월이었지 싶다. 하느님께 감사하며 걸어온 내 삶의 길도 이상하리만큼 예전보다 평탄하고 순조로웠다.

젊었을 때의 장사가 자신감을 심어주어 사고와 행동의 변화를 불러들였음에 틀림없다. 안정감과 자신감은 사람을 적극적이고 활기차게 만드는가 보다. 헤어나기 힘든 늪을 벗어나, 따스하고 열린 마음의 눈으로 보니 세상이 달리 보였다. 어려운 시절에 버팀목처럼 나를 지탱해준 게 바로 이 면허증이 아니었던가.

민원실을 나서자 뿌듯한 마음에 휘파람을 불며 달린다. 날아갈 것같이 흐뭇하다. 세월이 흐른 지금도 그날 그 기분이다.

(2007. 11.)

엄지손가락

소리가 들린다. 멀리서 작은 소리가 점점 커지며 가까이 다가온다. 사람들이 두런거리는 말소리다. 천정 불빛이 희미하다. 등허리와 목이 저리고 팔도 무겁다. 몸을 움직여 보려 해도 마음대로 안 된다. 시간이 꽤 흘렀다는 생각이다.

"아버님, 괜찮으세요?"

걱정하며 묻는 말소리다. 수술 후 깨어난 내 의식이 며느리의 목소리를 또렷이 감지한다. 고개도 돌려보고 다시 몸동작을 시도한다. 깁스한 팔을 들어보며 헛기침도 해본다. 긴 숨을 들이쉬고 휴~ 내뿜는 한숨소리에 입원실 환자들과 간병인들이 나에게 고개를 돌린다. 대수롭지 않은 엄지손가락 수술에 '왜 그리 수심이 깊으냐.'는 위로를 담은 눈길이 쏟아진다. 평소 겁이 많은 나는 처음 하는 수술에 대한 두려움이 컸었다. 이제야 안도감이 들면서 잠이 슬며시 찾아온다.

지난가을 어느 날, 친구들이랑 오랜만에 필드에 나갔다. 그날은 평소보다 공이 맞지 않아 속이 상했다. 엄지손가락을 구부렸다 폈다 하며 아픈 시늉을 해보였다. 의사인 친구가 내 손을 잡더니 혹 같은 멍울을 만지작거리며 걱정스런 표정으로 큰 관심을 나타냈다. 방심하지 말고 빨리 병원을 찾아가 치료를 받으라는 것이다.

이 멍울은 태동하기 시작한 지 일 년 반쯤이나 되는 골칫거리 증상이다. 동해안으로 여행 갔다 계곡에서 미끄러졌다. 다행히 그 순간 바위를 손으로 짚어 큰 사고는 면했지만, 송곳 같은 돌끝에 오른손 엄지를 다쳤다. 처음엔 부어오르더니 나중엔 가라앉아 손가락 관절이 좀 불편한 정도였다. 그런데 얼마가 지나자 관절 부위에 콩알만 한 멍울이 생겨나서 차차 커가며 굳어지는 것이 아닌가. 요즘은 손가락을 꼼지락거릴 때마다 시큰거린다. 짜증이 나고 신경이 날카로워지곤 한다.

그 친구의 표정이 심상치 않았다. 나이가 들면 몸 상태에 언제나 귀를 기울여야 하는데, 소홀하다는 질책성 경고다. 몸은 한번 고장이 나거나 깨지기 시작하면 감당하기가 힘들다. 무심했던 터라 가슴이 뜨끔했다.

병원을 찾으니, 검사 후 입원 수술을 해야 한다고 했다. 처음 손가락을 다쳤을 때 치료를 받았으면 별 문제가 없었을 텐데 후회막급이다. 정형외과 원장님은 검사 결과를 보고는 '거대 세포 종양'인데 악성이 아니라서 그나마 다행이란다.

"국소局所마취가 아니고, 전신全身마취요?"

수술하기로 정해진 날 아침, 화들짝 놀라 묻는 내게 담당 의사는 손가락은 국소마취가 잘 안 되어 전신마취를 해야 한다는 것이다. 엄지에는 신경이 많이 연결되어 있고 폐와 관련된 신경도 흘러간다는 거다. 전신마취는 위험성이 있고 후유증도 크다는 걸 들은 일이 있어, 국소마취로 해달라고 사정해도 소용없는 일이었다. 문외한門外漢이 어찌 전문분야를 알랴. 겁먹은 채로 수술을 받아야만 했다.

나는 여태껏 입원해 본 적이 없었다. 손가락 수술로 팔까지 깁스하고 처음으로 입원하니 불편함이 예상보다 훨씬 크다. 가족들이 직장인이어서 한 해를 마감하는 12월이라 간병도 문제다. 누가 간병인이 되어줄 것인가. 병상에 누워 상념에 잠긴다. 마음이 울적하다. 이 정도의 수술에 남을 간병인으로 데릴 수도 없는 일 아닌가. 수술하는데 보호자로 와 준, 출산한 지 한 달도 지나지 않은 며느리가 고마웠다. 괜찮다고 하며 수술 후 보내놓고도 울적한 마음은 그대로다. 환자가 되어보니 알 것 같다. 남은 가족들의 심정은 어떨까를 생각하며 나를 달랜다.

깁스를 풀어 오른손만 붕대로 감고 퇴원한 건 며칠이 지나서다. 통원치료를 받기로 한 것이다. 수염도 깎고 머리도 감아야 하는데 손을 못 써 어려움이 이만저만 아니다. 평소 오른손의 고마움을 모르고 살아온 거였다. 문득 '아쉬워 봐야 안다.'라며 울먹이던 큰고모 얼굴이 떠올랐다.

증조부는 아들 다섯을 낳으셨는데, 엄지 격인 첫째 할아버지는 잘생긴 체격에다 능력이 월등하게 뛰어나 부러움을 샀다. 종갓집 맏이이니 기세도 오죽이나 등등했으랴. 백마를 타고 다녔다니 한량閑良이었던가 싶다. 안타깝게도 그 할아버지는 젊었을 때 선대 재산을 탕진하고, 딸인 큰고모만을 남긴 채로 고향을 떠나 종적이 끊겨버렸다. 자신감이 지나쳐 화를 부른 것일까. 가문이 박살나고 만 것이었다.

그 동생들이 고향에서 집안을 지키며 다시 가문을 일으켜야만 했다. 그 고통과 서러움이야 짐작이나 할 수 있겠는가. 머슴이나 다름없이 밤낮 손에서 일을 놓지 않고 살았다. 그때 드리운 울적하고 어두운 그림자는 집안에서 쉬 걷히질 않았다.

"맏이는 집안의 기둥이니, 잘돼야 한다."

가문을 걱정하며 첫째 할아버지의 딸인 큰고모는 늘 엄지를 치켜세웠다. 그럴 때마다 조카들에게 당신의 지론持論을 펼치면서 눈시울을 적시곤 했다. 집안 옛일이 생각날 때면 가슴이 저려온다.

엄지는 첫째, 우두머리, 일등을 상징한다고 할까. 사람으로 말하면 여럿 가운데서 지도자요, 모범이 되는 자를 지칭한다. 그런 사람은 엄지의 기운이 발달되어 언제나 자신감이 넘치고 푸근하다고 한다. 하지만 자신감이 지나쳐 욕심이 과하면 화를 부른다니, 엄지의 기운을 관리하듯 마음을 잘 다스려야 하는가 보다.

통원치료가 잘되어 거의 완치단계라 이젠 엄지손가락만 붕대로 감았다. 그렇지만 엄지가 제 몫을 못하니 나머지 네 손가락만으로는 역부족이다. 대수롭지 않게 생각했던 수술로, 맏이 격인 엄지의 역할이 크고도 중요함을 뼈저리게 느꼈다. 일상생활의 일부가 정지된 느낌이었으니까. 지금은 날고 싶은 기분이다.

창가에 서서 눈 내리는 해 저문 거리를 바라본다. 저 바람 부는 거리로 스쳐간 시간들 사이에 드리워졌던 울적한 그림자도 찬란한 태양이 솟아오르면 흔적 없이 사라지리라. 하얀 눈을 뒤집어쓴 고향집 아침설경이 눈앞에 어른거린다. 창밖에는 함박눈이 살갑게 내리고 있다. 서설瑞雪이다.

(2007. 12.)

제5부

소리 없는 발걸

그게 보약이라네

건강이 우선이라고 입버릇처럼 말해 왔다. 음식조절이 건강관리의 첫걸음인 줄 알면서도 순전히 그건 마음뿐이었음을 새삼 느끼는 요즘이다. 사람들은 평소에 건강을 잊고 지내다 적신호에 불이 켜져야 부랴부랴 병원을 찾는다.

며칠 전부터 속이 거북하다. 종합검진 결과를 통보받고 나서 복부 팽만감이 더욱 부담스럽게 느껴진다. 혈액검사 결과 소화기암 수치가 높게 나타났으니 재검사를 받아보라는 권유에 기분이 찜찜했다. 근래 들어서 피로감을 느끼기는 했어도 전혀 뜻밖의 일이다. 며칠을 혼자 끙끙 앓다가 다시 병원을 찾았다.

담당의사는 내게 '무슨 음식을 즐겨 먹느냐.'고 묻고는, 고개를 갸우뚱하며 검사 수치상으로 평상인의 두 배가 나왔단다. 위암, 대장암, 췌장암 등 소화기암이 의심된다며 정밀검사를 권하는 것이었다. 일주일 후에 정밀 검진을 받기로 하고 병원 문을 나서는 내 눈앞이 흐릿해진다. 이쯤 되면 가족이 모를 수도 없는 일이다. 집안에선 암癌 관련 검진 이야기만 해도 기절초풍할 터이다.

암은 예고가 없는 병이기에 두려움이 앞선다. 스트레스를 받으며 직장생활을 할 때는 바쁜 업무로 건강을 소홀히 할 수밖에 없었다지만 요즘은 핑곗거리가 전혀 없다. 퇴직 후에 벗들과 모임에 어울리며 먹고 마시는 데 주력한 탓인가, 아니면 식도락食道樂 탓인가. '뱃살이 나온다.'며 가족이 걱정해도 괜한 간섭을 한다며 짜증내곤 했었다. 그러니 병원 다녀온 얘기를 하면서도 아내 얼굴 보기가 민망스러웠다.

정밀검진을 앞에 둔 일주일은 긴 시간이었다. 체질상으로 안 먹고는 못 배기는 내가 금식할 정도로 점점 긴장이 더해갔다. 몇 끼니를 굶어서인지 속이 편하긴 했지만, 기분은 영 그게 아니었다.

"덩치는 크면서 무슨 남자가 겁이 그리 많아요?"

병원으로 나서는 아침, 아내가 나를 놀려도 그 소리가 왠지 싫지 않았다. 허기진 속이라 음식이 보글거리며 끓는 소리로 들렸다. 용기를 주는 건 역시 가족이다.

폐와 복부 검진은 생각보다 쉽게 끝났다. 하지만 대장 내시경

검사는 거북하고도 처음부터 힘들었다. 아파서 끙끙대니 '복부비만이 심하다'며 의사가 혀를 끌끌 찼다. 고통은 입술이 바싹바싹 타들어 갈 만큼 점차 심해 갔다. 가뭄에 논밭이 쭉쭉 갈라지는 아픔이 그러리라 싶다. 혹시 대장암은 아닐까. 기진맥진하여 소리도 못 지르는 초죽음 상태로 내 몸은 의사에게 맡겨졌다. 검사가 끝나자 그새 부르튼 입술을 보며 '고생했다'고 위로하는 의사에게 오히려 미안한 마음이었다.

결과를 기다리는 며칠 동안은 초조하여 아무것도 먹고픈 생각조차 없었다. 암이면 어떡하나. 마음을 짓누르는 불면의 밤이 곤혹스러웠다. 탈 없기만을 간절히 바라면서, 살빼기와 음식조절에 소홀하지 않겠다는 건강다짐도 새롭게 했다.

몸 관리를 잘하기란 사실 어렵다. 다이어트, 그 고생을 해본 사람은 안다. 비만이 건강에 안 좋다는 걸 알지만, 온갖 방법을 다 써 봐도 효과를 보기가 별로다.

최근의 외신뉴스에 의하면 살 빼는 방법은 너무나 단순하다. 무조건 덜 먹고 운동하는 수밖에 없다는 거다. 하지만 그게 쉬운 일인가. 먹는 데서 즐거움을 찾는 식도락 체질인 나는 혼자 초조해진다. 먹는 즐거움이 먼저냐, 체중조절이 먼저냐를 따지는 자체가 부질없는 일이라고 생각해 왔으니 더욱 그러하다.

나의 식도락은 남다르다. 어릴 적 어머니가 만들어 주던 음식맛에 길들여진 즐거움이 익어 있다. 유별나게도 나는 우럭매운탕을 좋아한다. 잡혀 와서도 입을 쫙 벌리고 못생겨도 활력이 넘쳐 보이는 검붉은 우럭은 맛이 그만이다. 사람도 겉보다는 내적으로 따스하고 포근해야 사귀고 싶어진다. 우럭매운탕이 보글보글 끓기 시작하면 그 냄새 또한 어머니의 향기다. 몸이 흐린 날에도 한 그릇이면 속이 거뜬하다. 어머니의 정성이 녹아 있어 더 그립다.

황혼이 어스름을 몰고 올 즈음, 하루의 일을 끝마치고 가족들이 마주앉는다. 밥상 위 밥그릇 옆에 반찬그릇도 옹기종기 놓여 있다. 막 끓인 우럭매운탕에서는 김이 모락모락 피어오른다. 오순도순 순명順命하며 사는 사람들의 만찬이라고나 할까. 그 어릴 적 입맛 그대로 식도락의 즐거움은 지금도 변함이 없다.

우리 동네에 내 발길을 붙잡는 식당이 있다. 내 입맛의 단골인 이곳은 늘 만원이다. 맛좋은 횟감이 준비되면 알려줄 만큼 주인이 친절하다. 요리솜씨도 일품인 주인은 어선 선주船主이어서 재료도 싱싱한 걸 쓴다. 덩달아 여주인은 '음식은 정성'이라며 친정어머니의 솜씨를 자랑한다. 손맛도 전승傳承하는가. 대물림 받았다고 은근슬쩍 제 자랑하는 품이 멋지다. 주메뉴 또한 우럭매운탕이다. 맛이 푸짐하고 시원해 먹고 나면 속이 확 풀린다. 먹는 즐거움을 뺏어간다면 무슨 재미로 살랴.

검사결과를 받으러 병원을 찾았던 그날은 가족까지 동행하였다. 대기하는 동안 막연한 기다림은 정말이지 두렵고 지루했다.

냉정한 척하던 아내도 안절부절못하는 걸 보니 속이 타는 모양이다. 우리를 앞에 부른 의사는 담담하게 말했다.

“정밀검사 결과 암이 발견되지 않았어요.”

그 순간 날아갈 것 같은 기분이었다. 이 한마디를 얼마나 간절히 기다렸던가. 감사의 말이 절로 쏟아져 나왔다. 눈앞이 환해지며 거북스럽던 속이 시원하게 뚫린 느낌이었다. 그러는 사이 아내는 의사 처방을 따로 받고 나왔다.

“음식이 보약이라네요! 우럭매운탕 한 그릇, 오늘 어때요?”

내가 즐기는 음식들이 대체로 몸이 좋아하는 자연산 건강식이었다며 그녀가 씩 웃는다. 동네식당으로 은근히 운을 떼는 그녀 얼굴이 화사하다. 마음 조였던 시간이 사라지고 매운탕 향기가 봄처럼 피어오르며 입안에 군침이 돌기 시작한다. 보약을 구하러 앞서가는 아내를 보며, 건강을 다짐하는 미안한 마음이 뒤를 따른다.

차창으로 스며드는 바람결에 유채꽃 향기가 코끝을 스친다. 여물지 못한 봄 햇살이 오늘따라 유난히 곱다.

(2009. 3.)

방심放心

오랜만에 장 구경을 나섰다. 따스한 햇살을 받으며 집을 나서는 발걸음이 가볍다. 옛 정취를 풍기는 오일시장은 갈 때마다 새로운 볼거리가 적지 않다. 오늘은 그 곳에 가면 아기자기한 봄을 만날 것 같은 상상을 해본다. 어릴 때 어머니 손잡고 나서던 그 설렘 같은 마음으로 가는 길이다.

경기가 어렵다고 해도 오일장은 만원이다. 대형 마트가 들어서면서 동네 구멍가게가 아우성인데도 아직 끄떡도 없다. 오랜 세월 동안 서민들과 애환을 같이해 온 삶의 현장이요, 내게 생의 의욕을 재충전시켜주는 곳이기도 하다.

왁자지껄한 시장으로 들어섰다. 북적거리는 장터엔 봄이 화사하게 군데군데 얼굴을 내밀고 있다. 갖가지 봄을 가지고 온 아주머니들 모습 또한 따스한 날씨처럼 밝고 화사하다. 장구경하는 그 맛도 짭짤하지만 사람 구경하는 재미는 보너스다. 포장마차에서 군것질하는 사람들을 보니 갑자기 군침이 돌기 시작한다.

"새 구경하고 가세요. 관상조류 다 여기 있어요."

손님을 부르는 목소리가 저만치서 들려온다. 그 소리 따라 발길을 옮기니 꽃가게 옆쪽에 사람들이 몰려있다. 카나리아, 앵무새, 관상조류들이 울음소리와 날갯짓으로 제 나름대로의 멋을 부리며 구경꾼들을 즐겁게 하고 있다. 십자매도 보인다. 예쁜 새장 속에 작은 십자매 한 쌍이 '쭈루룩 쭈루룩' 울어젖히며 사이좋게 놀고 있다. 잊혀진 듯했던 옛일이 불현듯 기억에서 되살아난다.

오래전 어느 해 봄, 셋방살이 생활을 마감하고 서귀포에 조그마한 주택을 마련하였다. 자기 집을 마련한 기쁨을 어찌 다 표현할 수 있으랴. 길가에 앉아 대문에 걸린 문패를 쳐다볼 때면 마음이 뿌듯했다. 집안 식구들이 나보다 더 좋아했다.

집 울타리 나무에는 참새들이 몰려오고, 밤이면 쥐들이 마당을 돌아다녔다. 고양이도 집 주위를 배회하였다. 관리해야 할 녀석들이 꽤 많아진 거였다. 직장에서 오면 뜰을 가꾸는 일은 내 몫이었다. 귀가시간도 예전보다 훨씬 빨라진 것이다.

그 봄 어느 장날, 시장 구경을 나갔다가 십자매 한 쌍을 구입

했다. 몸 빛깔이 잿빛이 도는 갈색이고, 꽁지 끝이 뾰족한 십자매였다. 관상조류 중에 가격도 싸며 건강하고 성질이 온순하여 기르기가 쉬운 새란다. 좁은 새장에서도 번식을 잘 한다고 했다. 사이좋게 지낸다고 해서 십자매十姉妹라는 이름이 붙여졌다던가.

집 안마루에서 잘 보이는 창밖 구석진 높은 곳에 새장을 매달아 걸었다. 십자매는 사이좋게 지저귀며 우릴 즐겁게 했다. 아침에 일어나면 식구들이 한참이나 새들의 노는 모습을 쳐다보곤 한다. 십자매를 좋아하는 건 나보다도 아이들이다. 아내는 일찍 일어나는 나를 보고 "많이 달라졌네요." 하며 한껏 추겨세우곤 한다.

시간이 지나면서 점점 십자매에게 정이 갔다. 보답이라도 하듯 몇 개월 후에는 세 마리 새끼를 까서 식구가 다섯이나 되었다. 암수 구별은 울음소리로 판별하면 훨씬 쉽다. 수컷은 몸 전체에 깃털을 부풀리고 회대 위에서 깡충깡충 춤을 추며 꽤 긴소리를 낸다. 입을 벌렸다 닫았다 하며 목을 길게 뻗는다. 암컷은 잘 울지 않으며 발정 때면 자세를 낮추고 꼬리를 파르르 떤다. 어린 수컷은 울음소리가 '삐이 삐이' 하며 높은 소리를 내고, 암컷은 '쭈루룩 쭈루룩' 하며 탁한 소리를 낸다. 새들의 노는 모습을 보노라면 시간가는 줄도 모른다. 몇 달이 지나니 새끼들도 제법 많이 자랐다. 새장을 하나 더 구입할 생각이었다.

이튿날 아침, 나는 일어나 먹이를 주려고 새장으로 갔다. 그런데 이게 도대체 어찌된 걸까. 새끼 세 마리가 모두 죽어 있는 게 아닌가. 깜짝 놀랐다. 어제까지만 해도 잘 놀았었다. 그런데 갑자기 죽다니 참으로 이상한 일이었다. 어미새들은 횃대를 오르내리며 처량한 울음소리를 내고 있었다. 슬픔에 북받친 울음이었다.

"엄마, 엄마, 새끼 십자매가 다 죽었어요."

아들녀석이 엉엉 울어대자 화들짝 놀란 아내도 부엌에서 나왔다. 초상집처럼 어수선한 아침이었다. 평소보다 늦게 출근하였다. 하루 종일 기분이 씁쓸했다.

며칠 후, 새끼 십자매의 죽음의 원인을 찾아냈다. 늦은 밤, 잠을 청하고 있는데 갑자기 새들이 파닥거리는 소리에 놀라 일어났다. 일부러 방문을 살며시 열고 마루로 나가 보니, 창밖 새장 위에서 고양이 한마리가 눈에 불을 켜고 새장 속의 십자매를 공격하고 있었다. 좋은 먹을거리를 놓칠 녀석이 아니었구나. 밤중에 집 주위를 맴돌던 고양이가 줄곧 눈여겨오다 벽을 뛰어올라 새장을 덮친 것이었다. 요전 새끼 십자매들은 이놈에게 시달리다 죽은 게 분명했다. 겁먹은 어린 새끼들이 공포에 질려 팔딱거리며 울부짖다 지쳐 쓰러지는 모습이 영상처럼 눈에 환히 비친다. 새장 속에 갇히지 않았었다면 목숨까지 잃는 일은 없었을 터인데.

갑자기 허탈감이 찾아왔다. 십자매의 죽음이 내게 이토록 아픔을 가져올 줄이야. 주위를 배회하는 고양이를 방심한 게 잘못이었다. 새장을 창밖 벽 구석이 아니라 가운데 걸었어야 했었다. 사려가 좀 더 깊었더라면 하는 후회가 가슴을 후렸다.

가엾은 그 새가 눈에 선하다. 주인을 잘못 만난 게 죄일까. 십자매의 죽음은 조그만 방심이 큰 화를 불러올 수도 있다는 걸 일깨워준 잊지 못할 사건이었다. 주인의 책임이 얼마나 크고 무거운 것인가. 다시는 방심하지 않으리라고 굳게 다짐하며 아쉬움을 남긴 채로 동네친구에게 살아남은 십자매를 주어버렸다. 어쩌면 홀가분한 기분이 들었다고나 할까. 다시 상처받는 일은 피하고 싶은 마음에서였다.

손님을 유혹하듯 십자매가 쭈룩쭈룩 목청을 높인다. 새의 울음소리만 들어도, 아픈 기억이 떠올라 매사每事에 방심할까 두려워진다. 새장 안에 있는 새가 고양이의 공격을 받고 죽을 줄 누가 생각이나 했을까. 가슴앓이하듯 마음이 쓰리다.

구경꾼들을 뒤로하고 발길을 돌렸다. 오래전 그 다짐이 오늘 새롭다. 반짝이는 햇살에 봄이 출렁거리고 있다.

(2007. 3.)

압록강아, 말해다오

오월 어느 날이었다.

단둥에 도착하자마자 마음은 벌써 강변으로 달음질쳐가고 있었다. 그리도 보고 싶었던 압록강이어서 마음이 총총했다. 우리 민족의 오천 년의 역사를 품에 안으며 그 뒤안길로 흘러 보냈을 사연이 얼마였을까. 상상만으로도 가슴이 벅차오른다. 압록강 물줄기 따라 찾아가는 오늘의 여행코스는 이번 여행의 하이라이트요, 백미白眉라니 기대가 가득하다.

"저를 한국교포라 불러주세요. 중국인들은 우릴 조선족이라 부르지만요."

차중에서 웃음 섞인 젊은 안내원의 주문이 감동을 준다. 그는 조선족으로 할아버지 때부터 3대째 이곳 단둥丹東에 사는 총각이다. 대학에서 공학을 전공했으나 돈을 벌려고 관광안내를 하면서도 같은 한민족임을 자랑하는 그 자부심이 놀랍다.

단둥시의 남쪽 압록강변에 다다랐다. 아침 는개는 간곳없이 사라져 맑은 봄날이다. 평원을 휩쓸어가듯 강 물결이 도도하다. 민족의 영산 백두산에서 발원하여 먼 길 따라 황해로 흘러내리는 강은 드넓은 가슴으로 모두를 끌어안고 있다.

한반도와 만주벌을 사이에 두고, 중국과 북한의 국경을 흐르는 압록강은 길이가 925km나 되는 거대한 강이다. 단둥과 신의주의 사이를 흘러 두 국경도시의 경계선이기도 하다. 중조우의교中朝友誼橋라 불리는 길이가 구백 미터가 훨씬 넘는 압록강 철교가 두 도시를 연결하고 있다. 그 옆에 한국전쟁의 흔적을 간직하고 있는 끊어진 다리 압록강단교도 보인다. 미군 폭격으로 일부 교각만 덩그러니 남아 있는 다리를 중국은 관광지와 이념 교육장으로 활용하고 있다. 선착장이 있는 강변은 관광객들로 북새통이다. 남의 땅에서 압록강을 봐야 하는 현실이 안타깝다.

유람선을 서둘러 탔다. 갑판 위로 오르니 시야로 몰려드는 강변 풍광이 너무나 아름답다. 강 물빛이 오리의 머리 색깔처럼 푸르다고 해서 압록강鴨綠江이라고 불렀다고 했던가. 억겁의 세월을 흘러온 강에는 온갖 생명체가 살고 있으련만, 맑고 파란 하늘 아래에서도 강폭이 넓고 물속이 깊어 짐작조차 할 수 없다.

강 한가운데로 나아가자 모두의 시선은 강 건너 북한지역으로 쏠린다. 유람선이 안전상의 이유인지 그쪽으로 가까이 접근하지 않고 있다. 하지만 망원경을 사용하지 않아도 멀지않은 강 건너가 눈에 환하다. 화물선에서 석탄 작업하는 인부들, 밀가루를 차량에 싣는 노동자들 너머로 앳된 모습의 국경수비대들과 일하는 부녀자들이 눈길을 끈다. 동족이라서인지 멀리서 보기만 해도 왠지 반갑다. '신분이 좋은 사람이라야 이 강변에 산다.'고 하니 탈북문제가 무척 심각한가 보다.

중국은 압록강을 끼고 있는 단둥시를 공업과 관광, 무역의 항구도시로 집중개발하고 있다. 덩샤오핑의 흑묘백묘론黑猫白猫論이 여기서도 빛을 발하고 있는가. 우뚝 솟은 단둥의 빌딩숲에 비하면 북한 쪽은 대조적이다. 연기나는 굴뚝이 눈에 띄지 않는다. 강 건너 풍경이 수십 년 전 우리 모습을 보는 것 같아 마음이 초라하다. 하얀 물살을 가르는 유람선이 시원한 강바람으로 답답함을 달래줄 뿐이었다.

기다리던 버스는 강변로를 달리고 있다. 차안에서 누군가의 감격스런 목소리다.

"야아! 저기 저 섬을 봐요!"

창밖으로 강에 떠 있는 듯한 섬 하나가 눈에 들어온다. 위화도다. 고려 말기에 요동을 정벌하러 군사를 이끌고 여기까지 온 이성계가 회군한 사건, 즉 '위화도회군'의 그 섬이 아닌가. 이역

만리에서 역사의 현장을 바라보는 감회가 이상야릇하다.

당시 원나라가 강점하여 '쌍성총관부'를 설치했던 철령 땅에 명나라가 철령위를 설치하여 직속령直屬領으로 삼겠다고 통고하여 왔다. 이에 분개한 최영이 요동정벌을 단행해 명明이 차지한 요동지방까지 회복하려 군사를 일으켰다. 그러나 처음부터 이를 반대하던 이성계가 이 섬에서 군사를 개경으로 돌려 최영 등을 제거하고 정치적 실권을 장악한 사건이 위화도회군이다. 고려왕조의 역사를 조선으로 바꾸어 놓는 계기가 된 사건이었다. 저 강은 그 사연을 속속들이 알고 있으리라.

달리는 차창 너머로 만주벌의 산야가 연초록이다. 이곳에서는 옥수수와 쌀이 주산물이라고 하는데 울창한 푸른 숲을 보기는 힘들다. 대륙의 기후 탓만은 아닌가 싶다. 도로에는 차량이 드물어 예상보다 일찍 호산장성虎山長城에 도착했다.

호랑이 형상을 닮은 호산장성의 오르막길은 가파르다. 숨 가쁘게 꼭대기에 오르니 내려다보이는 풍경이 그림 같다. 살랑대는 바람은 땀을 식혀주고 신의주의 드넓은 들판과 압록강 물줄기가 한눈에 시원하다. 애써 올라온 보람이 느껴진다.

이 성은 고구려 연개소문이 쌓았다는 천리장성 중의 하나인 박작성이라고 한다. 중국은 1990년 이 성을 복원하면서 그동안 만리장성의 동쪽 끝이 산해관이라는 주장을 뒤집고, 이곳 호산장성이라는 새로운 억지 주장을 내놓았다. 복원공사를 하며 북한 방향인 왼쪽 성벽을 중국 쪽인 오른쪽 성벽보다 더 높게 쌓았다. 고구려의 옛 성을 그대로 재현하려 했다면 높은 성벽의 위치는 그 반대라야 맞다. 역사를 왜곡한 현장이다. 그들의 '동북공정東北工程' 주장에 전율하지 않을 수 없다.

호산장성에서 십 분쯤 걸어 북한과 압록강 지류 하나를 사이에 두고 있는 '일보과 마을'에 도착했다. 일보과一步跨, 즉 '한걸음에 넘을 수 있다.'는 뜻의 이름처럼 엎드리면 코 닿을 듯 가장 가까운 접경지역이다. 저녁 해는 뉘엿뉘엿 기우는데, 너무도 평온하여 국경지대라는 긴장감을 느낄 수 없다. 이곳에는 새와 들짐승, 개와 닭, 가축들도 자유롭게 국경을 왕래하고 있다. 철책도 경계도 안 보인다. '그건 인간이 만들었을 뿐, 태초太初에 경계는 없었다.'라는 말이 문득 뇌리를 스치면서 우리의 휴전선이 떠올라 가슴이 아파온다.

한걸음에 저 땅을 밟고 싶어도, 분단 오십여 년이라는 세월이 우리의 의식을 지배하고 있다. 마음이 무겁다. 눈앞에 두고도 동족 간에 말 한마디 못 나누는 현실이라니! 타향에서는 고향사람만 만나도 반갑고, 외국에선 보기만 해도 껴안고 싶어지는 게 동족이다. 중국에 와서야 저 강을 바라볼 수 있음에랴. 슬픈 일이다.

압록강아, 말해다오. 그날이 언제이련가. 서로 얼싸안고 춤출 그날은.

(2009. 6.)

봄비 내리는데

봄비가 바람에 실려 쏟아진다. 울적함을 달래려 거리를 걷는 발걸음이 무겁다. 지는 벚꽃은 거리에 휘날리고 을씨년스런 바람이 옷깃을 스친다.

도로변 벚꽃이 쓸쓸해 보이는 건 심란한 나의 마음 탓일까. 질퍽한 거리로 흩어지는 벚꽃에겐 청승맞은 비가 원망스러우리라. 그칠 줄 모르는 비가 하염없이 흐르는 눈물 같다. 그녀의 슬픔이 비를 타고 내 마음에도 소리 없이 스며든다.

안타까움을 안으로 삭혀야 했던 날이다. 울먹이는 누님의 전화는 충격이었다. 외손자가 그날 아침 저 세상으로 떠났다는 거였다. 겨우 스물두 살의 나이로 애석하게도 생을 마감한 것이다.

자초지종을 묻기도 전에 전화가 끊겼다. '아들을 잃었다'는 딸의 전화를 받고 내게 알려온 것이다. 도착시간에 맞게 차를 몰고 가면서도 제 정신이 아니었다. 공항에 도착하자마자 울음 바다였다. 그녀는 외삼촌인 나를 보자 통곡하며 힘없이 주저 앉았다. 난 할 말을 잃고 말았다.

그들 부부는 딸 둘에 막내로 아들 하나를 두고 남들이 부러워하는 삶을 살아가는 다정하기로 소문난 잉꼬부부다. 2년 전, 아들이 고등학교를 졸업하자 캐나다로 유학을 보냈다. 그 아들이 이제 주검으로 고향에 돌아온 것이다. 봉오리 채로 진 꽃이라고나 할까. 누구도 예상 못한 급작스런 죽음이다.

결혼 후, 오랫동안 기다렸던 늦둥이 아들을 낳으니 이웃과 친구들이 그들 부부에게 축하를 하였고 친족도 기뻐하였다. 아쉽게도 그 아이는 유아 때부터 심장병을 앓아, 보는 이의 마음을 아프게 했지만 지성이면 감천이라고 했던가. 다행히 부모의 지극정성으로 그 병이 어릴 적에 치료된 것이다. 중고시절, 성격이 명랑하고 원만해 귀여움을 독차지하였고 가까운 친구들도 많았다. 성실할 뿐만 아니라 부모에게 걱정을 끼칠까 봐 웬만한 괴로움이나 아픔은 입 밖에 내지도 않았다. 그런 성격은 그때부터 형성된 듯하다. 주변에선 그 아들의 장점이라며 대견해 하였다.

외국에서 유학생활이 얼마나 힘들었으랴. 전화로 안부를 물어도 괜찮다고 하는 걸 그대로 믿었다가 이런 일을 당했다며 그녀는 통곡하고 있다. 심장병이 재발한 것을 부모가 걱정할까 감춰 온 것이다. '병은 남에게 자랑하라.'고 했는데, 괴로움을 입 밖에도 내지 않는 성격상의 장점이 오히려 화禍를 부른 거였다. 참으로 허망하다는 생각뿐이다.

아들의 무덤 앞에서 몸부림치며 통곡하던 그녀는 정신을 잃고 쓰러졌다. 창백한 얼굴, 얼음같이 차디찬 손, 119를 부르는 다급한 목소리. 장지葬地는 한참 술렁거렸다. "남편이 죽으면 산에 묻고, 자식은 죽으면 어미 가슴에 묻는다."는 말을 곱씹어보게 했다. 삶의 허망함을 느끼고 있을 그녀가 너무나 안쓰러웠다.

"아무 탈 없이 건강하게 살아만 주어도 고마운 건데……."

손자를 잃은 외할머니의 한숨 섞인 넋두리다. 부모 마음은 누구나 마찬가지가 아닐까. 그들도 여느 부모처럼 자식이 훌륭한 사람이 되기만을 바랐으리라. 유학을 보내면서도 여러 밤을 뜬 눈으로 지새웠을 것이다. 사랑하는 자식을 멀리 보내고 싶은 부모가 어디 있으랴. 하지만 자식도 부모의 뜻을 이뤄 보답하려는 마음이 없지는 않았을 테지. 내가 그들이어도 그가 유학을 마쳐 소망하는 꿈을 이루길 바랐을 게다. 제 인생의 전부인 양 기대를 걸었던 아들을 저 세상으로 보낸 부모 마음을 조금은 알 것 같다. 그 아픔이 나의 아픔이 되어 가슴을 찌른다.

저 세상으로 홀연히 떠난 그 넋을 어떻게 달래랴. 삶의 보람이었고 큰 희망이었던 기둥이 벼락이라도 맞은 듯 무너져버렸으니 부모는 삼백예순날 눈물로 지새울 게다. 부모 가슴에 못을 박고 고통과 한이 되어 평생 마음속에 남겠지. 세상 떠난 아들은 오직 부모가 아픈 상처를 치유하고 제 몫까지 오래 살아주기만을 원하지 않겠는가. 평소 힘들어도 힘들지 않은 척하던 그 모습에 어디론가 훌쩍 사라져버리고 싶은 부모의 심정은 피를 토하듯 한숨만을 내쉰다.

평소에 신앙인으로서 신심단체에서 활동해온 그녀다. 그날 이후, 나날을 말없이 흐느끼며 지내는 그녀를 찾아온 사람들이 있다. 어려운 사람들을 돕는 봉사활동을 해온 그녀가 황당한 일을 당했다는 소식을 듣고 온 교우敎友들이다. 정녕 죽음은 죽음이 아니라 새 생명으로 옮겨 가는 것임을 일깨워주어, 소중한 생명을 중도에 포기하지 않고 남은 생에서 다시 희망의 꽃을 피우길 원하는 사람들이다.

그들이 그녀의 슬픔을 위로해주고 생명의 소중함을 새로이 깨닫게 한 걸까. 그녀의 얼굴에서 평상심平常心을 찾으려는 피눈물 어린 노력이 보인다. 말라 죽은 것처럼 보이던 나무에도 하나의 생명선이 있음을 일깨웠나. 창백한 얼굴에 핏기가 돌기 시작한다. 신앙의 힘이 놀랍다.

아름다운 사람들의 얼굴을 떠올리며 희망이란 싹을 다시 틔워내어 예전 같은 봄을 맞았으면 싶다. 저 푸른 들판에 나가 활기 넘치는 봄의 소리를 들었으면 좋겠다. 파릇한 풀과 나무 안에 한겨울의 혹한 속에서도 살아남아 흐르는 생명의 소리를.

어떤 말로도 가슴에 자식을 묻은 그 아픔을 다 달래줄 수는 없으리라. 허망하고 유한한 게 우리네 인생 아닌가. 남김없이 사랑과 정열을 바쳐 여생餘生을 살아도 아쉬움이 어찌 없으랴. 주어진 현실을 오롯이 받아들이고, 낙심하여 좌절함이 없이 하루하루를 감사하며 살아야 하지 않겠나.

봄 햇살 같은 삶이었으면 싶다. 초록빛 나뭇잎처럼 희망의 눈으로 세상을 보면서 말이다. 그러노라면 비에 씻기듯 아픔과 슬픔도 승화되어 저 멀리로 사라질 거야. 봄비가 하염없이 내리고 있다. 저 가슴속의 멍들고 메마른 상처도 씻어주련.

(2008. 4.)

후풍도에 머물다

바람이 섬을 감돌고 있다. 푸른 물결이 너울너울 춤을 춘다. 풍랑이 일렁이는 추자항 포구에는 출어하지 않은 수많은 고깃배들이 무리지어 정박 중이다. 선상에서 민요 가락이 울려 퍼지고 형형색색의 깃발이 바람 따라 펄럭인다. 한낮의 태양이 이글거리는데 동남풍이 제법 거세게 부는 팔월 중순이다.

파도를 타고 물결을 헤치며 제주에서 한 시간 남짓 달려 도착한 추자도. 거센 풍랑에 약간 겁도 났었지만, 뱃멀미의 어지러움은 땅을 밟자마자 말끔히 씻은 듯하다. 사방에서 들려오는 축제 소리에 마음이 분주해지며, 눈앞에 펼쳐지는 그 분위기에 빠져

들고 만다.

추자에서 처음 열리는 참굴비 축제다. 이곳 참굴비를 전국 명품브랜드화하고, 섬이 관광명소로 거듭나기 위함이다. '전통의 숨결, 맛의 향연, 주민의 화합'이라는 기치旗幟를 올리고 삼일 동안 펼쳐지는 축제가 사람들의 발길을 붙잡는다. 참굴비를 사면 20마리 한 꾸러미는 덤으로 준다. 관광객들의 행렬로 섬이 출렁이고 있다. 올해가 '추자 방문의 해'이어서 더 그런가 보다.

포구 여객터미널에서 면사무소 쪽으로 임시 천막횟집이 즐비하다. 천막마다 손님들로 일손이 바쁘다. 친구 몇이서 회 한 접시를 시켜도 상냥한 주인이 우리를 살갑게 반긴다. 혀에 착 달라붙는 쫄깃한 생선회 맛은 먹어본 사람만이 안다.

체험 현장은 놓치면 억울하다. 소라잡기 어촌체험, 굴비엮기 체험 등 다채로운 행사로 사람들은 함박웃음을 감추지 못한다. 관광객이 몰려들어 온 섬이 북새통이다. 섬이 출렁거리고 있다. 바람과 바다의 울림이요, 전통의 맛과 사람의 향연이다.

멀리 고즈넉한 섬과 섬 사이도 조망眺望하느라 시간 가는 줄을 모른다. 해가 기울자 바람이 제법 서늘하다. 발길이 어느덧 사적지인 고려시대의 명장, 최영 장군 사당祠堂을 향하고 있다. 산길 따라 오르는 길이다. 초등학교 옆 산등성이를 올라 사당 앞에 서니 항 포구와 온 섬이 시원스레 보인다.

추자도는 바다와 사람이 풍경처럼 어우러져 살고 있는 아름다운 섬이다. 빼어난 경관은 이곳의 자랑이며, 바다낚시의 천국이다. 옛날에는 내륙과 섬을 잇는 교통과 군사 요충지였다. 사십여 개의 군도로 이뤄진 인구 삼천여 명에 불과한 작은 섬인 이 추자도는 행정상으로 제주의 한 면이요, 13세기 말까지는 후풍도候風島라 불려온 섬이다. 후풍도란 '배가 떠날 무렵에 순풍을 기다리는 섬'이란 뜻이다.

고려 원종 때였다. 탐라(제주) 삼별초 토벌에 나선 김방경 장군과 몽고군은 풍랑 때문에 전함과 군병을 이곳 추자 당포에 주둔시켜 순풍을 기다리는 후풍을 해야 했다. 밤중엔 풍랑이 거세어 걱정했지만, 다행히 새벽녘에 홀연히 풍랑이 멎어 탐라의 삼별초를 일격에 무찔렀다. 그 이후부터 이 섬을 후풍도라고 불렀다고 한다.

그 후, 원元은 탐라를 불법 점거하여 목마장을 만들고 자기 영지로 예속화하였다. 이로 인해 탐라는 원의 지배하에 온갖 수탈과 횡포의 오랜 역사를 간직한 비운의 땅이 되었다. 원은 전략적으로 탐라를 송나라와 일본정벌의 전초기지로 삼으려 했고, 몽골인 목호牧胡들은 그 힘을 믿고 자주 말썽을 피웠다.

삼별초가 평정되고 백년이 지난 14세기 말엽인 공민왕 23년, 탐라에서 원의 목호 석질리石迭里 등이 난을 일으키자 조정에서는 급히 최영 장군에게 난을 진압케 하였다. 장군은 원정 도중에 거센 풍랑으로 이곳 후풍도에 머물게 된다. 그때, 주민들에게 어망 짜는 법을 가르쳐 생활에 변혁을 가져오게 하였다 한다.

섬사람들은 이러한 장군의 덕과 은의恩義를 잊지 않고, 훗날 장군 사당을 여기 숲속에 지었다. 이곳은 장군이 탐라에 있는 목호들을 공략할 때에 고려군이 주둔하던 곳이기도 하다. 소나무 숲 뒤쪽은 깎아지른 높은 절벽이요, 그 아래로는 푸른 바다에 파도가 물결치고 있다.

사당 문을 들어서니 최영 장군의 영정과 신위神位가 보인다. 장군의 기상이 표표하다. '황금을 보기를 돌같이 하라.'는 어버이의 뜻을 따라 실천한 최영 장군. 무언의 소리가 옷깃을 여미게 한다. 그 당당한 충의와 백성을 긍휼히 여기는 지도자상은 세월이 흘러도 우리 후손들의 마음속 깊숙이 자리하고 있는 것이다.

역사는 세월 따라 말없이 흐르는가. 하늘의 뜻을 어이 알랴. 고려왕조 마지막에 최영 장군을 버팀목으로 내려주시고는, 그 뜻을 못 이루고 한을 품고 쓰러지게 했을까? 자주적 고려를 지향하고자 했던 장군이요, 정치가였다. '요동 정벌론'을 주창한 장군의 사상은 진취요, 자주 독립을 추구한 이상주의자였다.

목호들이 난을 일으킨 시대상황을 상상하면 가슴이 쓰리다. 탐라를 선무宣撫하기 위해 파견된 조정의 관리와 지방토호들이 거의 다 탐욕스러워 백성을 괴롭힌 흔적들이 아주 많다. 조정에 올리는 진상품이나 노역으로 삶이 말이 아니었다. 이리 저리 억울하게 당한 그 시대의 민초民草들의 한을 어찌 다 헤아릴 수 있겠는가.

장군이 이곳 후풍도에 머물며 살펴본 주민들의 삶 또한 참으로 답답하고 안쓰러웠을 것이다. 고뇌하는 지도자의 모습이 보인다. 병사를 시켜 백성들에게 어망을 짜고 고기 잡는 법을 가르쳤으니 그들은 장군의 은덕을 잊을 수가 없었을 거다.

해마다 정월 보름이면 추자도민들은 장군을 기리어 이 사당에서 제사를 올린다. 봄과 가을에도 봉향한다. 그 제사가 풍어제와 축제로 이어진 것이다.

추자도 축제는 지금보다 더 풍성하게 매년 열리리라. 고깃배엔 만선의 깃발이 휘날린다. 풍악이 울리고 천지신명께 풍어에 대한 기원과 감사의 나팔소리가 퍼져나간다. 참굴비가 명품브랜드로 날개달린 듯 팔리고, 관광객들이 추자도로 몰려온다. 섬과 섬 사이마다 풍어와 인정이 넘치는 추자도. 장군의 가르침이 후손들을 키운다. 모두의 얼굴에 웃음꽃이 활짝 핀다. 최영 장군이 사당에 앉아 이 풍경을 보고 있다면 얼마나 흐뭇하랴.

추자 등대산공원에 달이 밝다. 후풍도의 밤이 깊어가고 있다. 파도 소리도 잠잠하다.

(2008. 8.)

시인과 꽃과 신부

나는 시방 危險한 짐승이다
나의 손이 닿으면 너는
未知의 까마득한 어둠이 된다
存在의 흔들리는 가지 끝에서
너는 이름도 없이 피었다 진다
눈시울에 젖어드는 이 無名의 어둠에
追憶의 한 접시 불을 밝히고
나는 한밤 내 운다
나의 울음은 차츰 아닌밤 돌개바람이 되어
塔을 흔들다가
돌에까지 스미면 金이 될 것이다
…… 얼굴을 가리운 나의 新婦여.

— 김춘수 〈꽃을 위한 서시〉

여름밤이 무척 덥다. 시인의 내면세계를 나름대로 새롭게 풀어헤치며 작품을 논하는 글벗들의 얼굴에 땀방울이 송골송골하다. 시인의 작품세계와 작가의 의도에 가까이 접근할 수 있다면 그 기쁨은 더하리라.

'나'라는 존재는 지금 야성적이며 무지하고 위험한 짐승이다. 어떤 행동을 할지 예측할 수 없는 동물적 존재이다. 나의 손이 닿기만 하면, 내가 행동에 본격적으로 나서기만 하면 '너'라는 존재는 전혀 앞날을 알지 못하는 존재로 변해버린다. 내게 잡아먹혀버려 없어지는 존재가 될는지, 아니면 긁히고 상처받아 회생 불가능한 존재가 될는지. 그것은 아무도 알지 못하는 미지의 까마득한 어둠 속에 갇힌 예측 불가능의 상황이다.

예측 불가능하다는 것은 얼마나 고통스럽고 불행한 일인가. 앞이 안 보이니 불안에 떨 수밖에 없다. 내일을 모르니 현재에 급급하게 마련이다. 즐거움과 행복을 전혀 느끼지 못하고 오직 고통과 두려움에 휩싸인다.

'너'라는 존재는 흔들리는 나뭇가지 끝에서 곡예를 타는 동물이나 광대처럼 불안한 존재이므로, 이 세상에 있었는지조차 모르는 이름도 없이 피었다 지는 꽃과 같이 전혀 기억에 남지 않는다. 우리가 알 수 없는 불안하고 무의미한 보잘것없는 그런 존재이다.

언제 사라질지 모르는 '너'라는 존재를 생각하면 내 눈시울이 젖어든다. 이 밤에 두렵고도 형언하기 어려운, 막연하고도 불안한 어둠 속에서 지혜를 총동원하여 기억해 낼 수 있는 과거의 추억들을 더듬는다. 이 두려운 불안과 어둠을 쫓으려고 한 접시의 불을 밝혀 놓고, 슬픔과 괴로움 그리고 두려움과 기대감 속에서 밤새도록 몸부림치며 울부짖는다.

밝혀 놓은 추억의 한 접싯불에서 타오르는 빛이 곱다. 지나간 아픔과 슬픔도 추억이 되면 아름답다. 아픔으로 흔들릴 때마다 추억이 되살아난다. 추억의 밑바닥엔 그리움과 측은함이 늘 자리한다. 눈시울이 촉촉해진다. 측은한 마음이 추억의 불을 밝히게 한 것인지도 모른다. 추억의 불은 슬픔과 두려움, 어둠과 불안을 쫓아내는 한 줄기의 빛이다. 모든 걸 포기한 채로 기댈 것이라곤 하나 없는 가련한 이에겐 이 한 접싯불이 곧 희망이 아니랴. 눈시울이 젖어드는 어두운 밤이지만 두렵지만은 않다. 이제 곧 서광이 비춰올 거다.

온전히 자신을 다 바쳐 신께 간절한 소망을 기원해 본 사람은 안다. 모든 걸 버리면 무서울 게 없다. 놀라울 만큼 엄청난 힘이 생긴다. 도를 닦는 수도자는 어느 순간에 깨달음의 경지에 도달한다지 않는가. 나의 이 몸부림과 울부짖음은 점차 엄청난 위력을 발휘하는 회오리바람이 되어, 천지를 뒤흔들면서 두렵고도 불안한 어둠을 뚫고 찬란한 금자탑을 쌓듯 결국 꿈을 달성하게 될 것이다. 고통과 괴로움이 다하면 즐거움과 행복이 찾아들게 마련이니까. 돌이 황금으로 변하듯이.

손에 잡힐 것 같으면서 잡히지 않는 나비와 같은 신부다. 이름도 없이 피었다 지는 한 송이 꽃처럼 아직은 속살을 드러내 보이지 않고 있다. 얼굴을 가린 나의 신부여, 나의 꽃이여! 안타까이 너의 이름을 부르며 바치는 이 마음을 아는가.

시인은 시제詩題를 〈꽃을 위한 서시〉라고 하여 시 속에서 꽃과 신부를 동일시同一視한다. 그가 시방 추구하고 동경하며 애타게 갈망하는 이상적인 존재는 피었다 지는 꽃이요, 얼굴을 가린 신부다. 그녀를 위해 시인은 어두운 밤에 한 접시의 불을 밝혀 놓는다. 자기의 모든 것을 송두리 째 담아낸 사랑의 영혼을 그녀에게 바치고 있는 거다.

꽃을 위한 서시序詩는 아름다운 꿈속 같은 황홀한 그 순간에 세상에서 가장 소중하고 고귀한 꽃 같은 그 신부를 위하여, 현재의 슬픔과 괴로움을 참으며 현실을 극복해 나가는 사내가 바치는 헌시獻詩이다. 마치 첫날밤을 기다리는 사내처럼 어둠 속에서 미지의 세계에 대한 불안에 떨면서도 의지적으로 이를 극복하기 위하여 고뇌하는 시인의 모습을 보는 것 같다. 가슴이 찡해온다. 내가 남자이어서 더 그런가 싶다. 자기만의 사랑의 철학이 담긴 시의 세계가 아름답다.

시를 더 깊이 이해할 수 있길 바란다면 욕심일까. 아름다운 시의 세계에 빠져들게 되면 찜통더위가 문제이랴. 열정이 있어 배움은 계속된다. 한여름 밤이 짧다.

(2006. 7.)

백 원짜리 동전 셋

요즘 몸과 마음이 한가롭다. 나만의 여유로움을 즐기는 시간이 많아지면서 시장구경도 가끔 나선다.

시장구경을 갈 때면 시내버스를 탄다. 교통이 복잡한 시내에 볼일이 있는 날도 으레 그렇다. 시내버스는 예전엔 입석이었는데 이젠 좌석이라 아주 편안하다. 자동차 기름값이라도 아껴야 하는 이유도 있지만, 차를 몰고 가면 주차문제가 고민이기 때문이다. 솔직히 고백하면 운전면허를 취득한 지는 꽤 오래됐으나 후진운전이 서툴러 자주 차를 긁혀먹고, 주차위반으로 벌금을 내는 게 다반사茶飯事이니 고민 끝에 찾은 대안이기도 하다.

햇볕이 따스하게 비추는 늦가을 오후다. '동문 매일시장'을 구경하기 위하여 신시가지에서 시내버스를 탔다. 통학생들로 붐비는 아침저녁 시간만 피하면 시내버스가 편리하다. 바로 집 근처에 정류장이 있어 이용하기에도 좋다. 옛날처럼 승차요금을 받는 차장이 없어도 반자동화된 수납기통에 돈을 넣으면 거스름돈을 받는 데 불편함이 없다. 요금은 어른이 850원, 학생은 700원이다. 계산은 자동이나 다름없이 정확하다.

버스를 타면 승객들이 나누는 얘기들이 관심을 끈다. 정치 이야기, TV 연속극 이야기, 노래방 다녀온 이야기, 남편과 집안에서 큰일 치른 이야기 등 다양하다. 훈훈한 얘기에서부터 사건사고까지 총천연색이다. 때로는 가슴 아픈 삶의 현장을 목격하기도 한다.

오늘은 버스 운전석 뒤쪽 창가에 앉았다. 운전기사는 흰 와이셔츠에 넥타이를 매어 점잖게 보인다. 승객은 가정주부를 비롯하여 젊은이와 노인들 각계각층이다. 좌석은 여느 날과 같이 여유가 있다. 나처럼 차창 밖을 보는 승객들이 많아서인지 조용하다. 학생들 하교 시간까지는 아직 이른 시간인가 보다.

버스가 로터리를 돌아 정류장에 멈추자 교복을 입은 여학생 다섯 명이 탔다. 앳되어 보이는 게 중학생들인 듯하다. 거스름돈을 받지 않는 걸 보니 동전으로 모두 차비를 낸 것이 분명했다. 학생들은 뒤쪽으로 가서 좌석에 앉았다.

버스가 출발하고서 잠시 후 운전기사가 차를 몰면서 갑자기

큰소리로 말했다.

"이봐! 학생들, 버스요금이 얼마지? 300원인가?"

"……."

학생들은 나처럼 창밖만 쳐다보며 말이 없었다. 운전기사가 운전대를 잡고 앞쪽만을 바라보며 운전하면서도, 뒤쪽 학생들에게 들리도록 다시 소리쳤다.

"너희들, 요금이 700원인 걸 알아, 몰라? 여기 수납기통에 와서 봐. 요금 얼마 냈지? 500원 동전 하나라도 낸 사람 있는가? 700원 요금 낸 학생은 나와서 동전을 세어 보라구. 이 나쁜 학생들!"

"……."

차 안은 쥐 죽은 듯 조용했다. 승객들도 낌새를 알아차리고 학생들 쪽을 흘끔거렸다. 나도 얼굴이 괜히 화끈거리며 붉어졌다. 아니라고 하는 학생이 한 학생도 없었다. 고개를 숙여서인지, 내 시력 탓인지 얼굴 붉히는 것을 알 수 없었다. 멀리 떨어져 앉아 있어 잘 안 보이는 때문일까.

동전 세 개를 넣으며 오백 원짜리 하나와 백 원짜리 두 개를 넣은 듯 속이며 백 원짜리 세 개만 넣은 것이 분명했다. 운전기사는 수납기통을 내리지 않고 확인을 먼저 한 것이다. 학생들이 그러리라는 걸 어떻게 미리 알았을까? 수납기통 안에는 백 원짜리 동전 열다섯 개가 전부였다.

운전기사가 버스를 계속 운전하면서 목청을 높여 소리 질렀다.

"백 원짜리 동전 셋! 학교는 뭘 배우러 다니나? 세상에 이런, 내 참 기가 막혀! 어린 학생들이 앞으로 이러면 안 돼. 정직한 사람이 되어야지."

운전기사를 속이려다 들통이 난 것이다. 장날 상인이 채소 거래에 삼백 원이나 오백 원에 흥정이 깨지는 경우를 보면서, 몇 백 원도 그리 소중하다는 걸 느낀 적이 있다. 백 원의 소중함을 학생들도 모를 리가 없다. 도둑질이나 다름없다. 속인다는 것이 더 문제가 아닌가. 운전기사는 그 정도로 끝냈다. 야박한 것 같았지만 처음 본 대로 양반이었다. 다섯 명 여학생이 그것도 똑같이 그렇게 하다니. 장난으로 그렇게 하지는 않았을 터이다. 어두운 삶의 현장을 목격한 것이다. 씁쓸했다.

어두운 주변의 모습들이 눈앞을 스친다. 마음이 괜스레 울적해진다. 소매치기 사건도 흔하다. 자전거 도둑도 극성이란다. 누군지 모르지만 한밤중에 동네 길 옆에 세워둔 자동차의 유리창을 깨버리기도 한다. '깨진 창문(broken window)'으로 표상되는 사회의 무질서가 시민의 불안감을 증폭시킨다는 이론대로, 소소한 사건이라 할지 몰라도 이런 일들이 쌓여 삶의 불안을 몰아 오고 있다. 참으로 안타깝다. 모두의 관심이 절실히 요구되는 현실이다.

실수는 누구에게나 있는 법 아닌가. 오늘의 일을 반면교사反面教師로 삼아 어린 학생들이 장차 훌륭한 사람이 되길 바라는 마음이다. 기사 양반의 바람대로 정직하고 살맛 나는 세상이면 싶다.

세상일을 누가 아나. 훗날 그들이 어떤 사람이 될지.

차창에 비추는 늦가을 햇살이 아직도 따스하다.

(2006. 11.)

소리 없는 발걸음

그 시절을 떠올리면 미소가 지어진다. 그때가 한 폭의 그림처럼 펼쳐지면서 마냥 행복해하는 철부지인 내가 풍경 속에 보인다. 유년시절이 문득문득 그립다.

그때는 그랬다. 경제적으로 어려운 시절이어서 하루 세끼만 먹을 수 있어도 감사했다. 끼니를 때우는 일이 급한 시절이었다. 시골에서는 웬만한 집안이 아니면 이른 아침부터 저녁 늦게까지 일에 매달렸다. 쉬는 날이라고 해봐야 명절과 집안 기일제사 때 정도였다. 그래도 인정이 넘치고 동네는 평화로웠다.

옛 조상님을 섬기는 일은 그 시절엔 '큰일'이었다. 추석이나 설, 경조사 등 큰일 때면 떡을 하고 과일이나 술, 고기를 마련하여 조상의 음덕을 기리고 동네에 나눠먹었다. 애들이 군침을 흘리며 손꼽아 기다리는 날이기도 했다. 맛있는 음식도 먹고 벗들과 즐겨 놀던 모습이 떠오른다. 그날은 아이들 세상이었다.

동네에서는 우리 집을 면장 댁이라 불렀다. 아버지가 해방 후 면장을 지냈기에 어른들이 붙여준 이름이었지 싶다. 면장 아들이라고 애들이 나를 부러워하는 것 같아 그저 좋기만 했다. 어깨를 으쓱거렸던가. 지금 생각하니 부끄럽기만 하다.

아버지는 손이 귀한 집안의 독자였다. 가난한 형편에도 조부님은 하나뿐인 아들 교육에 열성이었다. 어려서 한학을 배우던 아버지는 '호랑이를 잡으려면 호랑이굴에 들어가야 한다.'는 스승의 뜻을 따라 일제 강점기에 신학문을 익혔다. 젊은 시절엔 떠돌이처럼 타향살이를 하며 공직생활을 하다가 해방을 맞은 후에야 고향에 돌아왔다. 오자마자 이장里長을 맡아 일처리하는 걸 보고서, '뛰어난 그의 능력이 아깝다.'며 고향사람들의 천거로 다시 공무원이 되어 면장까지 지내게 됐던 것이다.

당시 가정은 별문제이었나. 그 시절 교통이 문제였을까. 아니면 자손 번창만을 생각하는 조부님의 눈감아 줌 때문이었을까. 어머니는 늙은 시아버지를 모시며 고향집을 지키고, 공직생활을 하는 아버지는 면소재지 가까운 마을에 작은 집을 차려 두 살림을 살았다. 아들 삼형제 중에 나는 늦둥이 막내로 태어났다. 그때가 4·3사건이 일어난 1948년 무자년 가을이었다. 내가 태어나자 '경사났다' 하며, 명절이나 기일제사 때에 삼헌(三獻)을 갖추게 되었다고 친족들이 더 좋아했다 한다.

아버지는 주로 '큰일' 때면 고향 집을 찾아오곤 했다. 어머니는 그 발걸음 소리를 듣지 않아도 어디쯤에 왔으리라 짐작할 정도였다. 늘 소리 없이 다녀가셨다.

"섣달 그믐밤에 일찍 자면 눈썹이 하얘진다!"

그때는 어른들 말이 진짜인 줄 알았다. 세월이 흐르지 않게 밤새 붙잡아 두라는 뜻이었을까. 설날을 맞으려 설레는 자식들을 화롯가에 모아 놓고, 조상들의 얘기로 그 밤을 뜬눈으로 지새우던 아버지셨다. 그 모습이 지금도 눈에 선하다.

내가 초등학교 육학년 때이다. 눈이 깊게 내린 겨울밤에 아버지는 영원히 눈감으셨다. 세월이 50년이나 흘렀다. 지금도 고향 마을에선 드물게 보는 '공인公人다운 공인이었다.'고 하는데, 어릴 적 내 기억 속에는 엄한 아버지로만 각인되어 있을 뿐이다. 나는 부정父情도 잘 느끼지 못했던 코흘리개였으니.

그 후 세상이 많이 달려졌다. 관광객이 제주로 몰려들고 있다. 생활양식도 바뀌고 삶의 질도 변했다. 민주화 시대가 열린 요즘, 제주의 역사도 재조명되면서 세계적인 각광을 받는 곳으로 변하고 있다. 화해와 상생, 평화의 섬으로.

고향에서는 최근 설촌設村 이래의 역사를 정리 기록한 마을지가 발간되었다. 더구나 특별법이 제정되어 제주 4·3에 대한 역사도 새로이 밝혀지는 것이 많다. 그때 그 시절 식자층이라고 불리는 이 고장 유학자들의 사료史料들도 발견되어, 당시의 생활상을 가늠케 하고 있다. 선친의 행적을 그 속에서 발견할 때면 놀람과 반가움에 얼떨떨해진다. 더욱이 아버지가 손수 지은 '소개령'이라는 한시漢詩를 접하니, 4·3 당시 어리둥절한 주민들이 당혹스러워하는 현장을 눈앞에서 보는 듯했다.

疏開令落近山村	소개령이 인근의 산촌마을에 떨어지니
驚動閭閻相不言	온 동네 깜짝 놀라 서로 말도 못하네
怯海畏山何處去	바닷가도 겁이 나고 산으로도 두려워
負携佇立日黃昏	업고잡고 우두커니 해는 벌써 저무는데

소개령은 4·3사건 당시 산촌의 민가를 전부 불사르려 주민을 이주토록 내린 명령이었다. 주민들은 바닷가 마을로 가기도 겁나고 산으로 피신하기도 두려웠다. 어린 자식들을 등에 업고 손을 잡고 우두커니 섰는데, 날은 저물어가니 어찌할거나.

"가기는 어디 가? 마을에 남아 조상 땅 지켜야지!"

고향마을이 당시 소실燒失을 면하게 된 데는 이장을 지내셨던 아버지의 공功이 컸다고 한다. 인근 마을에 소개령이 내려져 산과 바다 어느 쪽을 선택해야 할지 몰라 갈팡질팡할 때, 우리 마을에서는 주민을 설득해 남아 지키도록 했단다. 모두가 똘똘 뭉쳐 마을을 떠나지 않아 소탕을 피할 수 있었나 보다. 면 관내

4·3의 피해복구와 재건에도 애썼다고 한다.

이념갈등으로 어수선한 시절, 4·3사건으로 인하여 저질러진 인간에 대한 비이성적인 일들이 얼마였을까. 민초民草들은 때로는 비분강개하고 때로는 서글퍼 울었을 것이다. 이리저리 고통으로 시달린 건 힘없는 주민들이었다. 이런 비참한 일이 앞으로 이 땅에 결코 없어야 하리.

아버지를 지금에야 이해할 수 있을 것 같다. 나는 홀로이다시피 살아온 어머니만을 생각하며 가슴 아파했을 뿐이었다. 어려운 시절을 살다 가신 아버지. 공인으로서 그 삶의 힘듦과 외로움이 어떠하였을까. 등에 짊어진 짐이 얼마나 무거웠으랴. 저 세상에서 평안히 영면하시는지, 이제 그 발걸음 소리 들리지 않는다.

(2009. 7.)

당신 덕분에

뜨뜻한 물이 몸을 사르르 녹인다. 욕탕에 잠겨 있으니 잠깐 사이에 여행의 피로가 온데간데없다. 상체를 살짝 뒤로 눕히자 도시의 전경이 한눈에 가득하다. 저녁하늘에 모습을 드러내는 별빛도 유달리 곱다. 산기슭에서 내려다보이는 도시의 불빛은 해안가 어선들의 불빛과 어우러져 아름다운 풍광을 연출하며 평온을 선물하고 있다. 손님마다 명상을 즐기는지 노천露天 온천탕이 쥐 죽은 듯 조용하다.

여행 셋째 날의 일정을 마치고 벳부別府에 도착한 건 저녁 5시가 넘어서였다. 태평양을 굽어보는 일본의 해안도시 벳부는 세계적인 온천관광도시다. 바다와 온천이 도시를 먹여 살리고 있는 셈이다. 도시가 수많은 온천공에서 터져 나오는 수증기로 뒤덮여 있다. 이곳저곳에서 하얀 뭉게구름처럼 수증기가 하늘 높이 치솟아 오르는 모습이 장관이다. 처음 보는 광경이라 놀라움에 입이 쩍 벌어진다.

벳부는 온천욕을 즐기려 세계인이 가장 많이 모여드는 곳이다. 세계 제일로 꼽히는 이곳 온천은 유황온천이다. 온천수에 각종 영양분과 미네랄이 함유되어 있어 목욕을 하면 피부가 몰라보게 윤택해지고 고와진다고 한다.

이 도시의 산기슭 중턱에 있는 스기노이 호텔은 옥상에 마련된 자연 친화적인 노천탕으로 유명하다. 호텔에 도착하자마자 짐을 풀고 노천 온천탕을 찾았다. 총총한 별빛 아래 벳부 시내를 내려다보며 온천욕을 즐기고 있다. 멋스럽고 낭만적이다.

온몸을 휘감은 온천물이 보드랍고 매끄럽다. 효능이 탁월하다는 유황 온천수이어서 그런가 보다. 모든 생명체의 근원인 물의 정체는 과연 무엇일까. 그 본성을 다 알 수는 없지만, 상상할 수 없을 만큼 큰 몫을 하며 생명체를 유지해 주는 게 틀림없다. 만물을 살리는 물이다. 빗물이 모여 강을 이루고, 강물이 흘러들면 저 바다는 너그러이 포용한다. 자비롭고 자기를 드러내지 않는 겸손한 그분처럼.

저 멀리 태평양의 불빛을 바라보노라니, 얼마 전 일간지에서 읽은 여류 방송작가인 어느 재미교포의 희망편지가 떠오른다.

그 여인은 두 아들과 함께 미국 LA에 살 때, 남편이 한국에서 주식투자를 했다가 쫄딱 망해 알거지가 됐다. IMF로 세상이 변해버린 1998년이었다. 그 충격을 도저히 이겨낼 수 없었던 그녀는 '물에 빠져 죽어야겠다.'며 하와이행 비행기를 탔다.

하와이 북쪽 터틀베이라는 해변으로 갔다. 파도가 거칠기로 유명한 바다다. 밤이 이슥할 무렵, 정신을 놓아버리고 바다를 향해 걸어갔다. 오직 죽는다는 일념뿐.

그런데 가슴이 울컥하는 뜻밖의 일이 벌어졌다. 백사장에서 바닷물 속으로 들어가는 그녀를 파도가 뒤로 다시 되돌려놓는 게 아닌가. 여러 차례나 시도해도, 그 힘이 얼마나 센지 온몸이 멍이 들 정도였다. 마음대로 죽지도 못하다니! 아무리 발버둥을 쳐도 백사장을 벗어나 바다에 빠질 수가 없는 것이었다.

그때 문득, 바다가 그녀를 살리려고 세상으로 떠밀어주는 것 같은 생각이 든 것이다. 파도소리가 마치 '죽지 말고 견뎌 살아라.'는 고함소리처럼 귀청을 때리는 것이었다. 결국 그녀는 완전히 기력이 빠진 몸으로 황홀한 부활의 의지意志만을 품고 그곳을 떠났다.

"이제 다시 사는 거다."

그녀는 무작정 하와이의 한 방송국을 찾아갔다. 한국에서의 방송작가 경력을 보고 일자리를 줬다. 한류열풍이 한창인 때여서 대학에서 드라마 강의도 맡았다.

"인생의 밑바닥까지 가보는 게 얼마나 큰 축복인지 생각하라. 절망의 밑바닥, 그거 언제 가보겠는가. 삶의 밑창을 경험해야 좋은 글도 나온다."

그때 죽으려 하와이에 왔다는 그 말을 들은 어느 교수의 이 한마디는 그녀의 가슴을 울렸다. 절망에 빠져 세상과 결별하러 갔던 하와이에서 살아난 그녀는 지금 가족들과 제2의 인생을 살고 있다. 바다가 '견뎌내라'며 살려주었다고 쓰고 있다.

내가 퇴직한 지는 벌써 몇 년이 지났다. 무자년 올해는 나의 환갑이다. 자녀들이 회갑 기념여행 한번 다녀오라고 하던 차에, 다행스럽게도 글벗들과 일본 규슈를 여행하는 기회가 찾아왔다. 함께 동반 못해 미안하다며 교편생활을 하는 아내의 강권強勸에 못 이겨 외짝으로 나선 여행길이다.

사실 아내는 올해 초부터 '췌장암이 의심된다.'는 의사의 말에 서울에 있는 이름 있는 종합병원을 두루 찾아다녔다. 집안 살림을 모두 책임지는 아내가 아닌가. 처음엔 눈앞이 아찔했다. 불안과 긴장 속에 건강검진만도 여러 차례 받아야 했던 힘든 한 해였다. 여름이 지나 가을이 되어서야 괜찮다는 판명이 난 것이다. 그분께 감사하는 마음이었다. 가족의 건강이 무엇보다 최우선이라는 걸 다시 실감했다. 아내는 이제 안심이 되는지 남편 회갑여행까지 챙기는 것이었다.

삶이 힘들 때마다 나를 지탱해준 건 가족이었다. 가족이 있다는 것 자체가 빛이고 힘이다. 결혼 초, 직장생활을 하다 내몰려 벼랑 끝에 섰을 때도 포기하지 말고 다시 시작하자며 법과 정의의 심판을 받길 권한 건 아내였다. 그분을 간절히 찾은 것도 그때였다. 가족 생각에 마음을 다잡아 열심히 살아온 결과일까. 삼십여 년의 직장생활을 남들이 부러워할 만큼 영예롭게 마감하였다. 혹독한 비바람이 지나면 햇살이 찬란히 비치는 맑은 날이 온다는 걸 직장에서 체험하였다.

어려웠던 직장시절에 비하면 불평할 게 없는 요즘이다. 여러 가지로 부족함이 많은 나지만, 지나온 길을 되돌아다보니 작은 것 하나에도 감사하는 마음이 앞선다. 퇴직한 이후, 주어진 여건이나 상황에 순응하며 사는 나날이 나름대로 보람 있고 새롭다. 심신의 건강까지 주시어 글벗들과 여행하며 이렇게 온천욕도 즐길 수 있으니 감사할 뿐이다.

온천수가 마음까지 따뜻하게 해주는 걸까. 알싸한 바람을 타고 밀려드는 잔물결이 포근하게 느껴진다. 희망의 편지 끝말이 다시 떠오른다. 살아있다는 자체만으로도 축복이고, 한없이 고맙다고. 벳부 앞바다의 불빛이 아름답다.

(2008. 12.)

눈길을 걸으며

올해의 겨울은 반가운 눈과 함께 유난히 빨리 찾아온 것 같다. 12월 초부터 계속되는 추운 날씨에 며칠 동안 내린 많은 눈이 온 제주 섬을 뒤덮고 있다. 감귤 수확 등 일손이 바쁜 농업인들에게는 너무 안타까운 겨울눈이다. 그렇지만 역시 겨울은 눈이 와야 계절의 제 맛을 느낄 수 있는 건 나뿐만이 아닐 것이다.

나는 눈 오는 겨울을 무척이나 좋아한다. 누가 '어느 계절을 제일 좋아하는가.'라고 물을 때면 주저 않고 겨울이라 대답할 만큼 겨울이 좋다. 온 세상을 하얗게 덮어주는 눈 때문일 것이다.

어릴 적, 신풍리 고향마을에는 겨울이면 유달리 눈이 많이 왔다. 가난했던 시절이라 그랬는지 춥기도 무척 추웠다. 아침 일어나 보면 문지방보다도 더 높이 앞마당에 눈이 가득 쌓여 온 식구가 올레길을 내느라 총동원되곤 했었다. 하얀 눈을 치우며 어머니랑 누나랑 모두 힘들어하는데도 나는 눈 온 아침이면 날아갈 듯 신났다.

뽀득 뽀드득 눈을 밟으며 눈길을 걸으면 무척 좋았다. 우리들은 눈사람도 만들고, 눈싸움도 하고, 썰매도 타며 놀았다. 어른들은 덫을 놓고 꿩이랑 새를 잡았는데 우리들은 어른들을 따라다니느라 겨울이 추운 줄도 모랐다.

눈 온 겨울. 콩깍지로 메주콩을 삶으며 어머니가 정성스레 구워준 고구마의 맛, 이웃집에 모여 이불 속에 다리를 묻고 옛이야기 즐겨듣던 깊은 밤, 밤참으로 끓여 준 따뜻한 메밀국수를 호호 불며 함께 먹던 친구들. 동네 친구 집 등잔불 아래서 숙제를 끝마치면 팔뚝맞기 윷놀이를 하여 손가락 매 맞고 아픈 팔뚝을 쓰다듬으며 집으로 돌아올 때 걷던 함박눈 내리는 밤의 고향 길!

> "창 밖에 함박눈이 내리는 밤은 멀리 두고 온 고향 생각 그립다.
> 이웃이 도란도란 모여 앉아서 옛 이야기 즐겁게 속삭이던 밤……."

학창시절 우리 반 담임선생님은 음악을 전공하셨는데, 풍금을 치시며 학생들과 함께 즐겨 부르던 〈눈 내리는 밤〉은 지금도 눈 오는 겨울밤, 그 시절이 그리울 때면 부르곤 하는 노래다.

아, 그립다. 생각이 난다.

눈 덮인 들판을 걷는 맛은 걸어 본 사람만이 안다. 눈길을 걸을 때면, 직장시절 선후배들과 퇴근 후에 대폿집에 모여앉아 술 한잔 마시며 정을 나누던 옛일들이 떠오른다.

직장생활 32년. 어쩌면 길고도 긴 시간일지 모르지만, 이제와 되돌아보면 너무도 빨리 지나간 세월들이다. 처음 시작한 직장생활은 예상보다 무척 힘들었으나 좋은 선배들과 동료를 만난 덕분에 어려운 고비들을 넘길 수 있었다. 선배들은 줄곧 실수를 저지르는 내게 좋은 충고와 격려로 용기를 주곤 하였다. 경제상무로 있던 유신정권 시절인 1978년, 서른 살 되던 해에 고구마 사건으로 직장을 그만두게 되었다. 그 후 소송을 제기해 사 년 반 남짓 지난 1982년 승소하여 다시 직장에 복직되는 파란만장한 길을 걷기도 하였다. 몇 년 만에 복직한 직장생활은 어려움의 연속이었는데 이를 극복할 수 있었던 것은 훌륭한 선배님들의 조언과 격려 덕분이었다.

지금도 종종 소식을 주시는, 당시 지점장인 K선배님은 퇴근시간이 되면 후배들과 함께 소주잔 기울이며 세상 살아가는 얘기들을 나누곤 했었다. 그럴 때면 그 선배님이 평소 좋아하시는 백범 김구 선생님이 즐겨 썼다는 한시漢詩인 서산대사의 선시禪詩를 읊으며 후배들에게 조언을 주고 정과 사랑을 한껏 베풀어 주었다.

踏雪野中去	눈을 밟으며 들길을 걸어갈 때
不須胡亂行	모름지기 발걸음을 어지러이하지 말라
今日我行跡	오늘 내가 남긴 발자국은
遂作後人程	뒤에 오는 이에게는 이정표가 되리니

며칠 전, 눈 쌓인 들판에 새가 걸어가며 찍어 놓은 발자국을 따라가 본 적이 있었다. 흐트러짐 하나 없이 가지런한 새의 행보를 보면서, 삼십여 년의 직장생활 동안에 내가 걸어오면서 찍어 놓은 발자국의 행보는 어떤 모습일까를 생각해 보았다. 참으로 좋은 선배님을 만날 수 있었던 인연에 감사하며 그 선배님의 사랑을 이제 다시 느낄 수 있었다.

파아란 하늘 아래 저 멀리 눈 덮인 한라산이 더욱 가까이 보이고 겨울 햇살이 따스하게 비추는 상서로운 겨울 아침이다. 눈 쌓인 숲길을 혼자 걸으며 대자연의 조화에 감탄을 금하지 않을 수 없다. 지난밤 그렇게도 휘몰아치던 눈바람은 어디로 사라졌는가!

'현재는 선물이다(Present is present).'라는 말을 되새기며 '삶' 자체가 은총이요, 선물임을 깨닫고 현재의 나의 삶에 충실할 것을 오늘 새롭게 다짐해 본다.

(2005. 12.)

자연과 삶에 대한 자의식의 통로

박 양 근
(부경대교수, 문학평론가)

펼치며

수필은 체험과 성찰의 이중주를 펼쳐내는 1인칭 문학이다. 수필론자들이 수필을 지성과 감성으로 엮어진 영롱한 구슬이라고 부르든, 미적구조에 장착된 인생론이라고 말하든, 수필은 작가가 거쳐 온 인생을 삭혀 그려낸다. 그런 점에서 오승휴의 수필을 작가의 발자국과 손의 흔적이라고 말하는 것만큼 적절한 표현을 찾기 어렵다. 그의 수필도 일상적인가? 설핏 읽으면 보통 수필가의 글처럼 보인다. 하지만 그는 인생이라는 체험을 남달리 해석하고 있다.

수필은 수필작가에게 세 가지 질문을 던진다. 첫째 질문은 "무엇을 쓰는가?"이다. 이 질문은 대상에 대한 해석을 묻는 것으로 자아반영에 대한 진지성을 논의한다. 두 번째 질문은 "왜 나는 수필을 쓰는가?"가 된다. 이것은 여기餘技가 아니라 진정한 창작 욕망과 작가의식을 갖추고 있는가를 다룬다. 진정한 수필가라면 "왜 우리는 수필을 써야 하는가?"라는 세 번째 질문에 답할 필요가 있다. 세 번째 질문은 '나'가 '우리'라는 인칭으로 복수화되면서 소통의 방향성을 설정해준다.

오승휴의 수필집 ≪내 마음을 알 거야≫를 살펴보면 3가지 질문에 부응하는 해답을 찾을 수 있다. 제주 시골에서 태어난 성장 과정, 농협직원으로서 공직생활을 한 이력, 그리고 혈육을 소중히 여기는 정신이 그것이다. 시골이라는 공간은 사물을 성찰하는 감수성을 제공하며, 공직생활은 대인관계의 진실성을 키워주며, 조상경배는 가족애로 확장된다. 인간과 자연과 가족은 그의 삶과 수필을 잇는 통로 역할을 지닌다. 그런 점에서 작품 상호 간의 결속성을 살피는 것은 오승휴의 수필을 이해하기 위한 미학적 통로라고 여겨진다.

본론 1. 애향과 자연의 음유작가

자연을 해석하는 오승휴의 시선은 제주라는 향토에서 생성된다. 그는 〈고향 포구〉에서 출생지인 성산읍 신풍리를 "검은데기로 둘러쳐진 해안 절경이 뛰어난 포구"로 묘사한다. 포구와 바다는 상상력과 감수성을 키워온 교실이라고 하여도 지나침이 없을 정도로 그의 생태적 영양소로 자리 잡는다. 나아가 바다는 자연의 가르침을 들려주는 스승이기도 하다. 자연의 사제로서 자연 풍경을 지켜보는 작가의 모습은 〈어느 시인의 가을〉에서 찾을 수 있다. 수필가로 등단한 햇수는 3년 남짓하지만 철학적이고 관조적 관점에서 자연을 응시하는 그의 문학적 초상은 릴케의 〈가을〉을 풀이한 구절에 나타나있다.

> 시인 '릴케'는 그의 시 〈가을〉에서, 내면적인 풍요와 조각적인 수법으로 잎이 지는 계절인 가을의 자연 형상을 빌려 고독과 죽음을 리얼하게 다루고 있다. 시인은 〈가을〉에서 높고 맑은 신앙인의 눈으로 정신적, 종교적 차원에서의 하나님의 사랑을 깊이 있게 바라보고 있는 것이다.
>
> — 〈어느 시인의 가을〉 일부

릴케의 '가을'처럼 오승휴는 신앙에 가까운 명상으로 자연물을 형상화한다. 자연물도 삶의 메시지를 지닌 대상으로서 작가에게 다가온다. 수목원 숲길에서 낙엽을 지켜보거나 숲과 바다를 응시할 때면, 자연은 삶의 일부이자 글쓰기의 대상으로 풀이될 수 있다. 이러한 과정은 가을이라는 센티멘털한 계절 탓이 아니라 심안으로 낙엽을 해석해 내는 성찰력을 일찍부터 지녔기 덕분이다.

그의 작품 속에는 많은 초목이 등장한다. 〈활짝 핀 산철쭉〉, 〈덧나무의 선물〉, 〈노송의 향기〉, 〈억새꽃 핀 들녘에서〉, 〈사랑의 물참나무〉에 그려지는 초목은 의미화되고 있음을 보여준다. 예를 들면 부러진 뼈를 치료하는 접골목인 덧나무는 〈덧나무의 선물〉에서 태풍에 가지가 꺾여도 강인한 생명력을 발휘하는 부활의 상징으로 세워진다. 그는 나무를 삶의 지표로 재해석해낸다. 작가는 관찰이 중요하지만 심안으로 소재를 읽어내는 과정이 더 중요함을 알고 있기 때문에 덧나무를 고통과 좌절을 이겨내는 인격체로 승화시킨 것이다.

> 주어진 생명의 씨앗을 결코 포기하지 않는 덧나무에서 생의 소중함을 배운다. 땅속에서 용트림하는 생명이 있음을 깨닫는다. 온 힘을 다해 살아가는 그 강인한 생명력은 어떘나. 덧나무처럼 남에게 유익한 존재인가. 꽃과 꿀벌에서 보듯 상생의 원리는 모든 생명체의 생존법칙이 아니던가. 숲속에서 세상 사는 사람들의 모습을 본다.
>
> — 〈덧나무의 선물〉 일부

오승휴의 자연은 주로 가을과 결부된다. 〈억새꽃 핀 들녘에서〉의 억새는 힘겨운 농사일을 이겨내는 촌부를 닮아 있다. 억새에 대한 일반적인 인상은 연약한 잡초이지만 작가는 "거센 바람에는 성난 파도처럼 소리치며 출렁거린다."는 역동적인 묘사로서 험한 세상일수록 강인하게 삶을 헤쳐 가는 제주도 여인들을 그려낸다. 황금빛 억새꽃과 뼈 굵은 향토 여인의 삶과 수난을 묘사한 구도에는 제주도의 역사와 어머니의 삶을 결속시키려는 의지가 엿보인다.

> 그녀는 힘들게 살아가면서도 자녀들에게 힘든 모습이나 섭섭한 마음을 보인 적이 결코 없었다. 그 모습은 황금빛을 머금은 억새꽃 같았다고나 할까. 사랑과 지혜, 모든 것을 남겨주고 떠난 그 여인의 삶은 억새꽃이 피면 생생하게 되살아난다.
>
> – 〈억새꽃 핀 들녘에서〉 일부

오승휴는 여타 나무와 꽃에서도 다면적인 해석을 시도한다. 자연을 낭만적 시선이 아니라 언문학적 관점으로 성찰한 예는 흉년기에 가족과 주인집 식구를 죽과 도토리로 구황했다는 〈활짝 핀 산철쭉〉과 〈사랑의 물참나무〉에서 거듭 확인할 수 있다.

〈활짝 핀 산철쭉〉은 제주도의 전설을 재현한 작품이다. 이것은 자연을 관찰할 때 작가는 역사성과 신화성을 의식하고 있다는 증거이다. 등산길에서 산철쭉 군락지를 보았을 때 작가는 500명의 아들에게 먹일 죽을 쑤다가 가마솥에 빠져 죽었다는 설문대할망을 떠올린다. 자식들이 흘린 눈물로 물들었다는 붉은 철쭉꽃은 가난이 제주 전설의 주요 주제임을 밝혀내듯이 산철쭉을 지켜보는 작가는 제주도 풍경을 볼 때마다 전설과 역사를 해석하려는 의욕을 되살려낸다.

요즈음 오승휴는 국내외를 가끔 여행한다. 타지방을 여행할 때 오승휴는 단순한 관광객이 아니라 제주도의 자연으로 회귀하는 향토 사학자가 되고 있다. 고향과 타향 사이의 공간적 차이를 뛰어넘는 그의 다면적 관점은 금강 상류에 설치된 용담호 여행을 그려낸 〈호반의 유혹〉에 나타나 있다. 엄청난 수량이 저수된 용담호 댐은 물이 없어 곤란을 겪던 어린 시절의 고향 마을을 떠올린다. 그의 경우, 척박한 제주에서 성장하면서 겪었던 체험이 트라우마처럼 자리하고 있음으로써 타지방의 풍요로운 풍경을 대할 때마다 제주도의 자연이 현현된다.

오승휴의 수필에서 묘사되는 나무, 풀, 물 등을 시간과 결부시켜보면 흥미로운 몇 가지 사실이 나타난다. 우선 자연을 삶으로 간주하여 인간의 출생과 성장과 죽음을 반영한다는 점이다. 작가는 임의로 소재를 고르지 않고 인생의 연대기에 필요한 대상을 선택하고 기록하려는 의욕을 보여준다. 그에게 자연은 육안의 대상이 아니라 과거에 대한 노스탤지어와 제주도민의 아이덴티티를 동시에 반영하는 의미체계로서 나타난다. 두 번째, 그의 자연은 제주도가 태생적으로 지닌 가치를 표현해준다는 사실이다. 작가가 인정하든 인정하지 않든 기억에 남아있는 제주도는 곤궁과 가난의 땅이다. 제주도는 풍요로운 천혜의 축복을 받았음에도 탐욕스러운 육지인에 의하여 수탈당하였다. 그는 그 역사적 비극을 수필에 기록하여야 한다는 역사의식을 보여주려 한다. 그 점을 오승휴는 누구보다도 깊게 인식한다.

세 번째는 제주도의 아름다움을 낭만주의에서 벗어나 인문지리학으로 풀어내고 있다. 오승휴의 자연관은 심미적 영역을 초월하고 있다. 산천초목은 자연스러움을 보여주지만 가로수나 인공정원 등은 인위적이므로 그의 수필 소재로 등장하지 않는다. 산책과 산행도 정신적 깨달음과 속세로부터의 탈출행위이므로 몸이 마음을 끄는 것이 아니라 마음이 몸을 끌고 가는 성찰의 수필쓰기를 하게 된다. 오승휴의 수필집 ≪내 마음을 알 거야≫가 자연과 인간의 합일을 주장했던 에머슨의 산문정신을 따르고 있다는 점에서 그를 제주의 음유수필가라고 불러도 손색이 없다.

본론 2. 인생록으로서 세상 엿보기

평자는 오승휴라는 작가를 알지 못했다. 그의 이력도 듣지 못했다. 작가에게 무지한 작품론이 가능할까? 그럴지도 모르지만 평자는 작품을 통해 그의 초상화를 그리기를 작정하였다. 작품이 보여주듯이 그는 힘겨운 삶을 성실하게 살아오는 작가로서 삶을 한탄하거나 시련의 운명을 비관한 적이 없다. 어떻게 그것이 가능한가. 본론 1에서 밝혔듯이 제주도의 자연이 포용과 인내의 미덕을 가르쳐 주었기 때문이다. 물론 그의 역경은 제주도라는 공간적 제약으로 인하여 더욱 힘들었지만 그만큼 시대의 초상화로서 그의 수필은 세상을 살피는 역할도 하고 있다.

자전적 관점에서 살펴보면 상당수의 작품은 직장생활에서 맺어진 인간관계와 문단활동을 통해 알게 된 교우를 다룬다. 선을 베푼 사람도 있고 그렇지 않은 사람도 있지만 작가는 인간관계가 드리우는 빛과 어둠을 제 것으로 기꺼이 받아들인다. 삶에 대한 진지한 자세를 개괄적으로 보여 주는 작품은 〈눈길을 걸으며〉이다. 작가의 페르소나로서 수필화자는 "나는 눈 오는 겨울을 무척이나 좋아한다."라고 고백한다. 눈은 모든 세상을 하얗게 덮는다. 대지를 덮는 눈은 자연의 포용력과 관용을 나타내므로 그 미덕을 배우려는 의욕이 수필로 나타나게 된다.

> 며칠 전 눈 쌓인 들판에 새가 걸어가며 찍어 놓은 발자국을 따라가 본 적이 있었다. 흐트러짐 하나 없이 가지런한 새의 행보를 보면서, 삼십여 년의 직장생활 동안에 내가 걸어오면서 찍어 놓은 발자국의 행보는 어떤 모습일까 생각해 보았다. …… '현재는 선물이다(Present is present).'라는 말을 되새기며 '삶' 자체가 은총이요, 선물임을 깨닫고 현재의 나의 삶에 충실할 것을 오늘 새롭게 다짐해 본다.
>
> — 〈눈길을 걸으며〉 일부

위 단락을 이루는 모티프는 눈 들판과 새 발자국이다. 눈 내린 들판에 가지런히 찍힌 새 발자국은 작가가 희구하는 부끄럽지 않은 삶을 형상화해준다. 오승휴의 삶이 보여주는 행보는 흥미롭게도 어린 시절에 저지른 실수에서 비롯한다. 초등학교 4학년 때 동네 친구의 붓을 훔쳤다가 들킨 에피소드를 진솔하게 그려낸〈이상하게 맺은 우정〉은 이해와 배려가 인간을 어떻게 변화시킬 수 있는가를 보여준다. 동네 친구는 작가가 저지른 붓도적질을 숨겨줄 뿐만 아니라 30여 년의 세월이 지나 퇴직하는 날을 기념하여 서예 작품을 선물한다. '인의예지신'이라는 액자는 그가 받은 최고의 선물로서 "살아오는 동안 더 큰 죄를 지은 일이 없는가."라는 자기성찰의 거울로 자리 잡게 된다.

붓을 훔친 실수는 직장에서는 물론 퇴직 후에도 자영업을 할 때 변함없이 효력을 발휘하고 있다. 공직 생활을 그려내고 있는 〈그 선배의 후배 사랑〉, 〈친구의 안부전화〉, 〈서울에서 온 소포〉, 〈어느 날 포장마차에서〉, 〈곧 지나갈 거야〉 등은 직장 선후배 간의 믿음을 주제로 삼고 있다. 직장생활과 동료애를 재현하는 문장은 자연을 그려낼 때의 서정적 묘사와 달리 사실주의적 기법은 담백하고 꾸밈이 없는 작가의식을 반영하고 있다. 25세 때 군 농협지도부의 발령을 받아 융자금을 회수하는 도중에 가영수증을 분실한 이야기를 다룬 〈서울에서 온 소포〉는 붓사건으로 우정의 빚을 졌을 때처럼 직장 후배가 신용보증을 해준 감동적인 일화를 담고 있다. 그때의 각오는 "입술을 굳게 다물고 주먹을 불끈 쥐는 동작"으로 다짐된다. 작가는 직장생활에서의 실수를 숨기지 않고 후배의 도움을 남김없이 기록하는 수필쓰기는 단순한 사건이 아니라 삶 자체에 대한 진정성을 보여준다. 굳게 다문 입술과 주먹손도 실천적 삶을 이어온 오승휴가 보여주는 몸짓언어라고 하겠다. ≪내 마음을 알 거야≫에 수록된 대부분의 자전수필이 자랑거리가 아니라 주변에 대한 고마움으로 엮어진 까닭도 작가의 겸허한 성품이 있기 때문에 가능하다.

이러한 흔적을 살필 수 있는 다른 작품으로 선배의 격려로 승진하게 된 사연을 다룬 〈그 선배의 후배사랑〉과 직장선배가 자신의 해직 소식을 알려주었다는 〈어느 날 포장마차에서〉를 들 수 있다. 해직을 당하고 소송에서 승소하여 복직을 하고 20년 후 명예롭게 퇴직한 애환이 기록된 후자의 작품은 개인의 이력이면서 어느 직장에서도 일어날 수 있는 직업인의 인생록으로 간주된다. 이렇듯이 오승휴는 포장마차라는 노변의 공간을 남성사회에서 목격되는 좌절과 극복의 풍경으로 펼쳐낸다.

〈기분 좋은 그날〉, 〈그리도 야박했어라〉는 소시민의 잔잔한 삶을 반추한다. 운전면허증을 취득한 기쁨을 다룬 〈기분 좋은 그날〉은 사회에서 신뢰가 무엇보다 중요하다는 점을 일깨워주면서 친절과 신속의 중요성을 통해 인생에서 가장 필요한 요건이 무엇임을 말하고 있다.

지금까지 내 삶의 모습이 사진 위로 오버랩되며 비쳐온다. 면허 취득으로 왠지 모르게 안도감과 자신감을 얻게 되었던 거였다. 그 후 삼십여 년은 '신속과 친절은 사업의 기본'이라는 소중한 체험을 한 세월이었지 싶다. 하느님께 감사하며 걸어온 내 삶의 길도 이상하리만큼 예전보다 평탄하고 순조로웠다.

— 〈기분 좋은 그날〉 일부

작가는 자신감과 긍정적인 인생관을 면허증에 박힌 사진으로 형상화하고 있다. 자동차를 몰 수 있는 자격증인 운전면허증이 인생을 순항할 수 있는 증명서로 확장한 데서 찾을 수 있는 것은 소재에 대한 해석의 방향이다. 그는 화려하거나 거대한 물상보다는 작고 보잘것없는 소재를 찾아 근원적인 의미를 포착하고 삶과 연관시킨다. 〈그리도 야박했어라〉도 그러한 작가의식에서 출발하고 있다. 사업을 도와주었던 종업원이 떠났을 때 제대로 은혜를 갚지 못한 잘못을 "나의 사람됨이 너무 좁고 야박했던 거다."라고 후회한다. 수필은 자성의 문학이므로 약점을 드러내기 어려운 산문이다. 오승휴는 이러한 제한을 극복하고 자신의 단점을 체면이라는 채로 걸리지 않는다. 그는 자성과 자조로 삭힌 수필만이 진정한 이야기를 전할 수 있다고 확신한다. 만일 수필을 도道의 문학이라고 한다면 과거의 오류를 재확인하는 동시에 미래의 삶을 구축하여야 한다. ≪내 마음을 알 거야≫에 표기된 오승휴의 경험적 좌표도 이러한 미래성을 담보하고 있다는 점에서 오승휴의 수필독자들은 품격 있는 인생을 대면할 수 있다.

오승휴의 인생관을 대표하는 작품은 〈하늘을 원망하랴〉라고 평할 수 있다. 전반부에서는 제주도를 덮친 태풍 '나리'와 재난을 극복하는 제주 주민의 용기가 그려져 있으며, 후반부에서는 운명에 순응하려는 작가의 자세를 살필 수 있다.

> 명예와 불명예, 선과 악의 진정한 평가는 후세 사람들이 하게 된다. 올바른 삶과 진정한 행복의 의미 그리고 역사의 평가라는 긴 안목과 넓은 관점에서 생각해보면 하늘의 도리 즉, 천도의 존재를 의심치 않게 된다.
>
> 자연의 순리에 따라 살아가는 것, 그것은 우주만물의 법칙이자 또한 인간 삶의 법칙이다. 하늘이 무심타고 어찌 원망만 하랴. 자연에 순응하며 순리대로 사는 삶이 최선이라고 말하고 싶다.
>
> — 〈하늘을 원망하랴〉 일부

오승휴는 순응의 자세를 높게 평가한다. "하늘의 도리 즉, 천도의 존재를 의심치 않는다."는 그의 자세는 "우주 만물의 법칙"에도 일치한다. 그는 인간과 자연과 우주 사이의 유기적인 상관성을 믿기 때문에 자연에 따르는 것이 인륜과 하늘의 뜻에 따르는 것이라고 주장한다. 따라서 오승휴 수필이야말로 우주의 법칙을 살피는 투시경과 안테나라는 수필론을 주창한다. 자연의 순리야말로 수필적 삶에서 항상 염두에 두어야 할 미학이 아닌가. 오승휴는 자전 수필을 통하여 이 점을 거듭 강조하고 있다.

본론 3. 사모곡과 가장의 고백

오승휴의 가족사랑은 남다르다. 가장으로서 그의 책무는 부모에 대한 사모의 정에서 비롯한다. 본론 1에서 보여주듯 제주도의 자연풍경으로 문학적 감수성을 키우고 직장 선후배 간의 인간관계를 통하여 사회적 역할에 충실하였더라도 그에게 부모라는 존재가 없었다면 정체성을 제대로 정립할 수 없고 혈육에 대한 사랑을 뿌리 깊게 내릴 수 없다. 마을 향토사를 집필하는 의욕도 향리의 일원이 되어야 한다는 의지에서 비롯하듯이 그의 실존은 향리-조상-가족이라는 고리로 이어진다. 그것을 대변하는 작품이 조상에 대한 혈연 의식이 서정적으로 투영된 〈머귀나무 궤〉다.

> 조상의 손때가 묻은 궤를 만지며 생각에 잠긴다. 며느리를 아꼈던 시아버지의 사랑이 담긴 어머니의 유품이랄까. 높이가 두 자도 안 되는 자그만 머귀나무 궤지만 내가 소중히 여기는 물건이다. 처음엔 옻칠을 했을 터인데 지금은 거의 원색이다. 유품에는 그 시대의 시류가 반영된 멋이 남아있게 마련이다. 세월의 흔적만큼이나 둔탁해 보여도 자세히 살펴보면, 본래의 멋과 색깔로 돌아온 듯해 더욱 정감이 든다. 우리 집 자산 1호라 불린다.
>
> ― 〈머귀나무 궤〉 일부

머귀나무 궤는 할아버지가 어머니에게 물려준 유산이다. 작가가 이것을 다시 물려받아 소중하게 보관해오고 있다. 궤는 집안의 곡식이나 의복을 넣어두는 곳으로서 가문의 물질적 번영을 보여주는 지표이기도 하다. 그러나 오승휴에게 머귀나무 궤는 물질적 유산이 아니라 가문사가 전수되는 징표에 해당한다. 궤에는 할아버지가 지켜온 가풍과 종갓집 며느리로서의 어머니의 삶이 담겨 있어 집안을 일으켜 세워야 한다는 후손으로서의 정체성을 형상화 해준다. 어머니의 유언에 따라 머귀나무 궤가 오승휴에게 건네진 상속에는 중요한 의미가 담겨있다. 그것은 혈육의 장손은 아닐지라도 조상의 유언을 실현하려는 정신적 후손으로 자임한다는 점이다. 머귀나무 궤를 통하여 가부장 사회의 규범과 모계로 내려오는 가족애를 물려받았기 때문에 작가는 새집을 지었을 때 궤를 서재에 두고 틈만 나면 궤를 쓰다듬는다. 머귀나무 궤는 "조상의 얼"을 자각하고 "어머니 따스한 체온"을 전하므로 궤에는 인륜과 가문의 명예를 되찾는 의지가 나타난다. 그 구체적 행위는 수필쓰기로서 "매미 소리가 들려오는 머귀나무 고향집"이라는 서정적 은유로 표현되어진다.

흥미롭게도 할아버지와 어머니라는 존재 사이에는 황소가 자리한다. 수필집의 표제작인 〈내 마음을 알 거야〉에 등장하는 소는 농경문화권의 주역이라는 의미를 내포한다.

> 그 옛날 우리 집엔 황소 한 마리가 있었다. 몸집도 크고 넓은

> 이마에 거대한 뿔이 난 힘센 수소였다. 이 녀석은 우리 가족의 일원이요, 할아버지의 친구였다. 가난을 견뎌낼 수 있었던 건 녀석의 공로라 할 것이다. 억척스런 할아버지와 한 팀이 되어 남의 집 일도 해줘 받은 품삯으로 집안에 웃음꽃을 선사하곤 했다.
>
> — 〈내 마음을 알 거야〉 일부

작가에게 소는 다양한 상징을 지닌다. 어린 시절의 친구이고 살림 기둥이고 때로는 "농부 같은 우직함과 진솔함"을 일깨워주는 스승이기도 하다. 작가도 "자연과 농업만 한 스승은 어디에도 없다."라고 동일 작품에서 회상하듯이 소의 이미지는 작가의 성장에 깊은 영향을 준다. 달리 말하면 할아버지, 아버지의 존재 같은 소, 어머니라는 존재가 가족에 대한 애정의 근간이 되고 있다.

어머니에 대한 회상은 등단작인 〈어머니의 자리〉와 〈감나무의 사연〉이라는 두 축으로 이루어지고 있다. 그만큼 작가는 수필로서 모정을 구현하고 불효를 보상하고 싶어한다. 그동안에 아버지의 존재는 물러선다. 좌우익 이념의 혼돈기에 "고향마을에선 드문 공인"으로 칭송받은 면장이었던 아버지를 그린 〈소리 없는 발걸음〉은 코흘리개 시절에 별세하였던 혈친으로서 아버지를 그려내지 못하는 제한성을 보여준다. 무엇보다 경험이 아니라 체험을 중시하는 그로서는 어쩔 수 없다. 작품 제목처럼 아버지의 발걸음은 들리지 않으므로 그의 실존적 원천은 어머니가 된다. "홀로이다시피 살아온" 어머니다. 작가에게 의식화된 어머니의 자리는 어디에 있는가. 그 위치를 보여주는 수필이 〈어머니의 자리〉다.

> 이 세상에서 나를 가장 사랑한 여인. 혹독하리만큼 쪼들리는 가난 속에서도 아들만을 위하며 아들 하나 믿고 살아온 여인, 나의 어머니! 호강 한번 못해보고 고생만 하시다가 세상 떠난 어머니를 생각하면 지금도 목이 메고 눈물이 앞을 가린다.
>
> ― 〈어머니의 자리〉 일부

어머니의 삶은 "너무 힘든 삶"으로 요약된다. '너무 힘들었다'는 느낌이 아니라 작가가 뼈저리게 목격한 기억을 바탕으로 한 언술에 해당한다. 그의 어머니는 농사일을 홀로 맡고 어린 자식을 키우고 맏며느리로 가문을 이어가면서도 고통의 내색을 하지 않았다. 맏며느리로서 가족애 외에도 더불어 살아가는 공동체의 삶의 방식을 보여주었다. 아버지의 역할까지 대행한 스승이므로 효라는 값을 치르지 못했다는 죄의식이 자리하게 된다.

어머니와의 결별은 대학교 시절에 불시에 일어난다. 어느 날 "내 자취방 앞에 놓여진 여인의 흰 고무신"에 대한 불길한 예감은 "진찰 한번 받아보려고 큰마음 먹고 집에 기르던 돼지 팔아서 왔다."는 어머니의 말로 현실화된다. 아프다고 한 적이 없었던 어머니는 6개월 후 세상을 뜬다. 그동안 오승휴는 무력했다. 위중한 병에 걸린 어머니에게 그는 "진찰받으면 나을 것"이라는 헛말만 할 수밖에 없었다. 성인이 된 오승휴는 그때를 기억하면서 속죄의 기회를 찾으려 한다. 신인상 등단 작품으로 〈어머니의 자리〉를 선택한 이유도 여기에 있다.

〈감나무의 사연〉은 사모곡이 상상화를 거치면 어떤 작품이 되는가를 보여준다. 선산에 묻힌 어머니의 묘소에 우연히 자라기 시작한 감나무를 보았을 때 작가는 감나무를 식물학의 연구 대상이 아니라 심미적 기호로 간주한다. 산소라는 공간성과 어머니라는 대상에 의하여 결정되는 의미체계인 셈이다.

> 보이지 않는 어느 분이 갈옷을 즐겨 입던 어머니께 보내준 선물 같아서 나는 그 나무를 애지중지 키우고 있다. 처음엔 야산이라 누군가가 나무를 꺾어버리거나 뽑아 가버릴까 봐 걱정이 태산이었다. 우선 '사랑의 나무'라는 명찰을 나뭇가지에 매달아 놓았다. 주인 이름도 새기고 말이다. 이제는 자손들도 관심이 대단하다. 나무는 주인의 정성을 알아보는지 해마다 무럭무럭 자랐다.
>
> ─ 〈감나무의 사연〉 일부

작가는 감나무를 어머니의 현신으로 간주한다. 동기는 어머니가 돌아간 20년 후 묘비를 세우고 "삼가 저희들의 귀감으로 삼고자 합니다."라는 비문을 새긴 응답을 기대한 데 있다. 감나무에는 후손을 보살펴 달라는 염원이 깔려있다. 자손이 적었던 아쉬움을 담아낸 〈벌초〉에서처럼 노년에 다다른 작가는 무엇보다 가문이 번창하기를 어머니에게 부탁하고 싶어한다. 이리하여 〈감나무의 사연〉은 〈머귀나무 궤〉와 상징성과 미적 감동에서 짝을 이루는 작품이 된다.

가족애를 다룬 작품으로는 〈당신 덕분에〉, 〈그게 보약이라네〉, 〈딸의 결혼을 앞두고〉, 〈많이 사랑해〉를 손꼽을 수 있다. 아내에 대한 믿음과 딸의 혼사, 손녀들의 사랑이라는 소재는 일상성과 신변성에 속한다고 한다면 문학성은 상대적으로 미약해진다. 그 점을 인식한 작가는 가족애를 일상성에서 탈일상성으로, 신변성에서 탈신변성으로 반전시켜 독자적인 서술기법을 확립하려 한다. 〈딸의 결혼을 앞두고〉에서는 딸의 혼사에 27세 때 사위 면접시험을 보았던 에피소드를 연결시켜 인륜대사라는 주제에 친근미를 부여하고 있다. 우럭매운탕으로 부부애를 차분하게 펼쳐낸 〈그게 보약이라네〉에서는 식도락이라는 삽화가 돋보인다.

〈제비가 그렇거늘〉은 부부애를 제비로 은유한 작품이다. 제비가 새집을 짓고 새끼를 지키는 광경을 사실적으로 그려냄으로써 가족에 대한 애정과 인륜의 도리를 보여준다.

> 제비의 모성적 본능, 부부의 하나 된 힘은 대단했다. 혼신의 힘을 다 쏟아낸 것일 거다. 왜 제비를 영물이라 하는지 이제 알 것 같다. 제비도 그렇거늘 종족을 보존하고 가정을 지킴에 인간이야 오죽하랴. 진한 감동의 물결이 가슴에 일렁인다.
>
> ― 〈제비가 그렇거늘〉 일부

작가는 머귀나무로서 할아버지의 존재를, 감나무로서 어머니의 사랑을 재현한다면 제비는 가족에 대한 기대치를 나타낸다. 이렇듯 오승휴의 가문사는 삶을 자연물에 비유하여 엮어진다.

그의 집안 이야기는 스토리텔링이다. 오승휴의 수필을 읽고 있으면 화롯불을 가운데 두고 할아버지가 조상의 행적과 자신의 삶을 전해주는 모습이 연상된다. 그만큼 작품마다 독특한 특징이 발휘되고 있다. 이제 마지막 질문이 남았다. 그것은 수필집 ≪내 마음을 알 거야≫가 전하고 있는 '내 마음은 무엇일까'이다. 그 메시지는 〈머귀나무 궤〉에서 "힘든 밭일을 하고 집에 와서도 궤만 보면 얼굴을 활짝 펴셨다."는 어머니의 마음에서 시작하여 "제비가 그렇거늘 하물며 인간으로서야"라는 구절에 이르기까지 주렴처럼 이어져 있다. 오승휴의 수필은 직설적으로 교훈을 전하지 않는다. 다만, 거쳐 온 삶의 족적을 차례차례 펼쳐낼 따름이다. 이로써 "내 마음을 알 거야"는 독자에게 던지는 작가의 네 번째 질문이자 답변이 된다.

닫으며

오승휴는 '책을 내면서'에서 "숲 속에서 사색의 창에 스치듯 지나가는 내 삶의 체험을 수필집"에 모았다고 밝히고 있다. ≪내 마음을 알 거야≫가 보여주는 사적 담론은 소박한 삶이며, 사회적 담론은 자연친화성과 향토애다. 그는 정치나 사상과 같은 논쟁이 아니라 진실한 삶을 꾸려가는 “생명들의 어울림”을 전해주려 한다. 그리하여 지금도 숲 속 사색을 나서는 그에게 사랑과 믿음과 성실은 남다른 의미를 지닌다. “사람이 글이다.”는 뒤퐁의 말처럼 명징한 수필은 담백한 생활에서 창작되듯이 그의 수필집 ≪내 마음을 알 거야≫가 삶의 오감도로 자리 잡은 이유가 여기에 있다. 그 점에서 오승휴의 수필세계가 지닌 소통성은 독자적인 평가를 받는다.

오승휴 수필집

내 마음을 알 거야

인 쇄 / 2009년 10월 26일
발 행 / 2009년 11월 2일

지은이 / 오 승 휴
발행인 / 서 정 환
발행처 / 수필과비평사

출판등록 / 1984년 8월 17일 제28호
주 소 / 서울시 종로구 익선동 30-6
운현신화타워 빌딩 2층 208호
전 화 / (02) 3675-5633, (063) 275-4000
팩 스 / (063) 274-3131
E-mail / essay321@hanmail.net

값 12,000원

ISBN 978-89-5925-608-2 03810